動的
資産配分の
投資理論と応用

年金基金、金融機関の新たな挑戦

山下実若【著】
Miwaka Yamashita

Dynamic
Asset
Allocation

中央経済社

まえがき

　2016年1月29日の日本銀行金融政策決定会合を期に，日本にいわゆる「マイナス金利」が到来した。本書はこれを論ずるものではないが，2月9日には取引されている満期10年日本国債利回りが初めてマイナスとなるなど，各界の資産運用パラダイムが揺らいでいるなか，本書での分析は動的資産配分という新しいパラダイムを示す時宜を得たものとなったと考える。

　そもそも確定給付型の年金制度において，退職給付会計の強化やリーマンショックのような金融市場の大きな変動の出現を背景に，政策アセットミックスを維持する従来型の資産運用が高度化されつつあり，動的資産配分戦略の導入が広がりつつあった。

　本書は，この動きを実証研究や理論的モデル研究で支えようとするもので，動的資産配分戦略やそれにかかるリスク測度を論じている。また，動的資産配分を鍵として近年広がりつつある年金制度の成熟化（掛金収入よりも給付支出が大きい状況等）や，増大する金融資産の変動リスクを意識した運用の新潮流を再訪し，さらに，マイナス金利下での資産運用を論ずるものである。企業年金制度における年金資金の資産運用を取り扱っているが，一般の金融機関における証券投資等においても有益な議論を多く含んでいると考えており，一助となれば幸いである。

　本書は，青山学院大学大学院の博士学位論文をもとに，ご指導いただきました青山学院大学大学院 福井義高先生，北川哲雄先生，小林孝雄先生（現，千葉工業大学国際金融研究センター所長）および森田充先生，ならびに横浜国立大学経営学部 木村晃久先生との議論，そして資産運用の業務上お世話になった国内外の同僚や業務アドバイザー諸先生との議論，各種国際会議での研究発表や議論の内容も追加し，再整理したものです。

有益なコメントをいただきました多くの皆様に，また，出版において大変お世話になりました株式会社中央経済社の小坂井和重氏に，この場をお借りして御礼申し上げます。なお，本書に誤りがあるとすれば，これは著者の責任であり，合わせて申し添えます。

　平成28年7月

山下　実若

目次

第1章 研究の主題 —————————————————————— 1
1 背景および概要／1
2 構　成／3

第Ⅰ部　理論研究編

第2章 期待効用最大化の動的資産配分問題の数学的扱い —— 11
1 イントロダクション／11
2 Merton モデルおよび HJB 方程式／12
　2.1 Merton モデル／12
　2.2 HJB 方程式／14
3 BSDE 等／15
　3.1 BSDE の利用／15
　3.2 BSDE と HJB 方程式／15
　3.3 BSDE と効用最大化問題／17
　3.4 Malliavin 解析／17
4 Merton モデルの拡張／18
　4.1 Merton モデルの拡張（その1）／18
　4.2 Merton モデルの拡張（その2）／19
　4.3 粘性解との関連／20
　4.4 停止時刻と Reflected BSDE／21
　4.5 その他の発展形／21
5 数値シミュレーションに関して／22
6 まとめと今後の課題／23

第3章 ■ 効用関数を利用した新しい運用フレームワークのモデル化の考察 ── 25

 1 イントロダクション／25
 2 新しい運用フレームワークの出現／27
 3 これからの年金財政・年金資産運用のモデル化を考える視点／29
  3.1 多期間での考察の必要性／29
  3.2 効用・制約条件の変化／30
 4 年金資産運用発の新しい運用フレームワークのモデル化例／31
  4.1 単年度損益の安定化戦略／31
  4.2 中長期的な運営の視点／31
 5 まとめと今後の課題／36

第4章 ■ 折れ曲がり効用関数による動的資産配分問題の最適解 ── 39

 1 イントロダクション／39
 2 動的資産配分問題の設定／41
 3 解 法／43
  3.1 Dual Utility の導入／43
  3.2 解析解／46
 4 数値シミュレーション／48
  4.1 前 提／48
  4.2 CC 戦略と STD 戦略／54
 5 オプション戦略の最適性の議論との関連について／60
 6 まとめと今後の課題／61
 Appendix A／62
 Appendix B／63
 Appendix C／65

第5章 動的資産配分問題の新潮流 ―― 69

1 イントロダクション／69
2 効用関数の設定の意義／70
3 新　潮　流／72
4 行動ファイナンス／74
5 まとめと今後の課題／75
Appendix D／76
Appendix E／78

■ 第II部　実証研究編 ■

第6章 退職給付債務情報の株価形成へのインパクト ―― 81

1 イントロダクション／81
2 分析(A)：退職給付債務情報による株価クロスセクション分析に係るリサーチデザインとデータ／83
　2.1 方　　法／83
　2.2 データ／85
　2.3 検証する内容／88
3 分析(B)：マーケットインパクト分析に係るリサーチデザインとデータ／90
　3.1 方　　法／91
　3.2 データ／92
　3.3 分析する内容／93
4 分析・検証結果／94
　4.1 分析(A-1)について／94
　4.2 分析(A-2)について／104
　4.3 分析(B)について／112

5 まとめと今後の課題／113
Appendix F／114

第7章 退職給付債務情報を使ったリスクファクターによる分析 — 117

1 イントロダクション／117
2 分析(C)：退職給付債務ファクターに係るリサーチデザインとデータ／120
   2.1 方　　法／120
   2.2 デ ー タ／121
   2.3 検証する内容／122
3 分析・検証結果／123
   3.1 分析(C-1)／123
   3.2 分析(C-2)：個別株式リターン分析（その1）／126
   3.3 分析(C-2)：個別株式リターン分析（その2）／127
   3.4 分析(C-3)：日本株式アクティブ運用戦略成績の分析／128
4 まとめと今後の課題／130

第8章 年金のリスク回避度の実証研究 — 131

1 イントロダクション／131
2 リサーチ手法／132
   2.1 Friend and Blume（1975）の応用／132
   2.2 Kahneman and Tversky（1992）の応用／134
   2.3 デ ー タ／135
3 分析結果／136
   3.1 Friend and Blume（1975）の応用／136
   3.2 Kahneman and Tversky（1992）の応用／140
4 まとめと今後の課題／141

第III部　未来応用編

第9章　ダラー戦略, ラダー戦略, バケット戦略 ―― 145

   1　イントロダクション／145
   2　ダラー戦略（ドルコスト平均法投資）／146
      2.1　モデル化／146
      2.2　シミュレーション／149
   3　債券ラダー戦略／154
   4　バケット戦略／156
   5　まとめと今後の課題／158

第10章　リスク測度と MinMax 戦略 ―― 159

   1　イントロダクション／159
   2　マイナス金利をどう捉えるか／160
   3　リスクの捉え方（リスク測度）／161
      3.1　変動測度（Deviation Measure）とリスク測度（Risk Measure）／161
      3.2　動的リスク測度（Dynamic Risk Measure）／163
   4　動的資産配分問題と MinMax 最適化／164
   5　まとめと今後の課題／165

■参考文献／167
■索　　引／183

第1章

研究の主題

 背景および概要

1990年代から2010年代に金融機関や確定給付型年金（DB: Defined benefit pension plan）において，資産運用に携わった者は，その金融市場と資産運用業界のダイナミズムに驚かされたに違いない。とりわけ，DBにかかる資産運用が90年代の日本株バブル崩壊，退職給付会計の設立・強化，リーマンショックの発生といったイベントに大きく影響を受け変遷していくのを目の当たりにし，そして昨今では欧州で始まったマイナス金利政策が日本にも到来し，運用のあり方の再考を促されていると考える。本書はDB資産運用を念頭に，その資産運用の新しいフレームワークを理論や実証であぶりだすものであるが，これらは一般に年金に限らず多くの資産運用の世界で有用ではないかと考えている。

従来，DBの資産運用においては，株式や債券等の資産リターンは中長期でみると比較的安定しているという前提のもと，5年程度の中長期をベンチマーク期間とみて，株式や債券等，複数の資産カテゴリー分類に基づく政策アセットミックスとよばれる「静的」資産配分を維持する資産運用手法が基本となっていた。しかしながら，まず，会計基準の変更により以前に比較して，DBの運用結果が日本の上場企業の公表する財務諸表に大きな直接的影響を与えるようになった。そのため，DBの資産運用に関して，これまでよりも短い1会計年度での安定性を備え，かつ損失を積み上げない運用手法が求められつつある。さら

に，リーマンショック等の金融市場の混乱で，DB の資産価値が大きく減少し，年金債務額が資産額を上回る，いわゆる積立不足の状況が多発した。こうした DB においては，積立不足解消が最重要課題となっているなかで，資産運用の抜本的改革が検討され，一部実施されている。

山下 (2011) では，これまでのいわゆる「静的」資産運用ではなく，複数の資産カテゴリーへの配分を常時見直す「動的」資産運用が注目されることとなり，実際に取り入れられはじめたことが論じられている。ここで想定されている動的資産運用とは，具体的には無リスク資産とリスク資産に大別される運用資産への配分を動的に変更し，事前に設定された目標を達成するという，ダイナミックプログラミングの問題と捉えることができる。本書は年金資産運用において起こった新しいフレームワークのモデル化を行いつつ，年金制度成熟化やマイナス金利といった金融市場の諸状況のもとの今後の年金資産運用の新潮流を検証し，新たな視点の提案を行うものである。

本書の「第 I 部　理論研究編」では，DB の資産運用の新しい運用フレームワークの具体例である資産価値変動の下値リスクを抑える運用と，一定以上の大きさの収益機会を犠牲にしたうえでリスク資産に投資することで積立不足解消を目指す運用という，近年新しく取り入れられた 2 つの手法が期待効用最大化の観点から正当化できるか否かを論じる。

理論編における新規性は，昨今の DB をとりまく状況を念頭に，折れ曲がった (Kinked) 効用関数を仮定して DB の動的資産配分を定式化したうえで最適解を導出し，新しい運用フレームワークを期待効用最大化に基づいてモデル化することにある。具体的な効用関数の形状としては，「通常」時は CRRA 型（相対リスク回避度一定）であるものの，一定の資産価値を下回ると垂直に折れ曲がり，効用がマイナス無限大になるもの，および一定の資産価値を超えると，効用がそれ以上増えず折れ曲がって水平な直線となるものを検討する。前者はどうしても最低限の資産価値を守りたい状況，後者は積立不足解消となる資産価値があれば満足し，それ以上の資産価値を望まない状況に対応する。いずれも，実際の運用実態を反映した想定である。

理論研究編に続き「第II部　実証研究編」では，DBの資産運用の新しい運用フレームワーク出現を後押しした，退職給付会計情報[1]の開示強化がDBを運営する企業の株価や株式リターンに大きな影響を及ぼし得るという認識の是非を実証的に検討する。具体的にYamashita (2011)の論点を推し進め，企業会計基準における国際会計基準（IFRS）コンバージェンス／日本基準改定をきっかけに，退職給付会計の諸情報が上場株式の株価形成等に，より大きな影響を及ぼしはじめるとの仮説のもと，退職給付債務に係る会計情報を説明変数とし，時価総額を被説明変数とする回帰分析を実施し，退職給付債務情報のうち未認識退職給付債務額などが時価総額に一定程度のマイナスの影響を与えている可能性を明らかにした。また，退職給付債務情報に基づきリスクファクターを作成し，説明力を持つかどうか時系列回帰分析も行った。加えて，理論編で考察したCRRA型効用関数のリスク回避度について，日本のDCにおいてはどのような傾向があるかを実証研究した。

　最後に「第III部　未来応用編」では，現在，DBが次第に直面しつつある制度成熟化（掛金収入よりも給付支出が大きい状況等）や，リスク資産の変動が一層激しくなり，かつ，マイナス金利という状況下における資産運用などを念頭に，今後の新たな運用手法の再考や動的資産配分戦略を具体的に応用する視点を論じる。また，資産運用において「リスク」をどう把握するかという問題は効用関数の形状や運用戦略を規定・モニターするうえで重要であり，あわせて，これについて整理した。

❷　構　成

　以下，導入部となる第1章を除く，各章の構成を説明する。

---

[1] 退職給付会計の詳細は第6章。なお，退職給付には企業年金給付の他，退職一時金も含んでいる。

▶第Ⅰ部　理論研究編

　まず，冒頭の第2章では，数理モデルに基づく動的資産配分問題研究のサーベイを行う。この分野でのパイオニアといえる Merton（1971）他で示された Merton モデルと，Hamilton　Jacobi　Bellman（HJB）方程式や Backward Stochastic Differential Equation（BSDE）の利用とその拡張，Malliavin 解析の利用などに言及する。

　第3章では動的資産配分が，DB の資産運用の現場でなぜ注目されているかを述べる。IFRS を睨んだ日本の企業会計基準の変更の動き等が進むなかで，DB の資産運用が芳しくなくて資産価値が大きく減少することは，年金資産額が債務額を下回るという，いわゆる積立不足の状態となる最も大きな要因であり，それが DB を運営している企業自体の財務諸表に大きな直接的影響を与えるようになってきた。

　こうした状況下，DB の資産運用において，動的資産配分の考え方に基づいた戦略の1つである，資産価値が減少すると高いリターンを狙わずリスクの低い運用を行うというト値リスク管理を実施する運用手法が注目され，実際に採用する DB も出現した。加えて，金融危機以降，深刻な積立不足に陥った DB においては，積立不足にあっては高いリターンを狙う必要があるものの，積立不足が解消されれば高いリターンは不要という考えのもとでの運用手法が注目され，取り入れる DB も出はじめた。こうした資産運用手法は，DB の新しい運用フレームワークとなりつつある。

　動的資産配分のモデル化や最適性の議論を追うと，Merton モデルがさまざまに発展させられ，最近では最終期末の資産額に対する効用を額そのものだけではなくその期待値のぶれを考慮した Risk Sensitive なものに代える試み[2]などが登場し，多様化してきているが，さきほどの DB の新しい運用フレームワー

---

[2]　厳密ではないが大雑把に言ってリスク資産額への配分割合が，リスク資産の変動で増減する資産額に反比例するような時間依存の戦略が導出された Hojgaard and Vigna（2007）など。

クが最適か否かとういう問題は未解決である。

　本書では，最適解としてそれらの運用手法を導出するモデルを作成すべく，具体的に運用手法の背景に鑑みて，①「通常」時は CRRA 型であるものの，資産価値が一定額を下回ると効用関数が垂直に折れ曲がりマイナス無限大になる効用関数と，②積立不足解消を最重要目標とし，積立不足解消となる資産額に到達すれば，効用がそれ以上増えない，すなわちその資産価値を超えると折れ曲がり水平に直線となる効用関数を設定して，動的資産配分問題を検討することとした。ただし，これらの折れ曲がった効用関数は二階微分不可能のため，通常の HJB 方程式を利用した方法ではこれらの動的資産配分問題の最適解を解くことは困難である。

　そこで第 4 章では折れ曲がりのある効用関数を使用した場合の最終期末の期待効用を最大化するような動的資産配分問題の最適解が，Legendre-Fenchel 変換を利用し，Dual 効用関数による定式化で折れ曲がりを明確に捉えて解けることを示す。具体的には，上記①および②のそれぞれに対し，プット・オプションの買いをリバランスしていく運用手法およびコール・オプションの売りをリバランスしていく運用手法という動的資産配分戦略が解となることを示す（Yamashita（2014））。加えて，②のケースを数値シミュレーションで確認する。

　最後に第 5 章で動的資産配分問題の新潮流を取り扱う。また，行動ファイナンスとの関連も議論する。

▶第II部　実証研究編

　第 6 章，第 7 章では，DB の新しい運用フレームワーク出現を後押ししたのが，退職給付会計情報の開示強化が株価や株式リターンに大きな影響を及ぼし得るという認識の広がりであると考えられ，この点を検証する実証分析を，Yamashita（2011）を発展させて論じた。第 6 章において，まず，時価総額を自己資本で規格化して被説明変数とし，退職給付債務に係る会計情報を説明変数とした回帰分析（クロスセクション分析）を実施した。その結果，2005年度の決算発表時のデータについては，退職給付債務情報のうち，未認識退職給付債務

額などが，時価総額に対して，数十％程度の大きさの影響（マイナスの影響）を与えているようである。ただし，それ以降の年度では著しいマイナスの影響があったとは言い難いが，経営が苦しい場合が多い赤字を含めた PER 低位企業に関しては，最近でも退職給付債務情報のマイナスの影響が大きくみられる。次に，DB から，DC といわれる確定拠出型の年金制度に移行することで，企業財務諸表への年金財政の影響が大きく減じられることに鑑み，そうした移行アナウンスの当該企業の株価への影響の有無を検証したがこれについては顕著な影響はみられなかった。

これらの結果は株価形成に積立不足等の情報が必ずしもすぐに反映されないことを示唆していて，企業が事業で得たキャッシュフローを積立不足埋め合わせに充当する段階で積立不足が株価に反映される可能性，つまり積立不足の DB を運営する企業の将来の株式リターンが低下することを示唆していることが考えられる。そこで第 7 章では，個別株式リターンや日本株式アクティブ運用戦略において，退職給付債務情報に基づきリスクファクターを作成し，説明力を持つかどうか時系列回帰分析を第 7 章にて行い検証した。その結果，説明力は顕著とは言えなかったが，日本株式アクティブ運用戦略のリターンに関して当該リスクファクターは，いわゆる小型株効果やバリュー株効果に比して，相対的に説明力は大きかった。

実証研究編での結果をみると，退職給付会計情報は株価や株式リターンに一定の影響を及ぼしたものの，2008 年のリーマンショックなどの金融危機の発生や，そもそも日本では労使合意等による退職給付債務減額等が比較的容易で，実例が近年出てきていることから，影響が限定されてきている可能性があると考えている。

加えて，第 8 章では，年金基金の効用関数の形状について CRRA 型効用関数を想定したとしても，リスク回避度というパラメーターの設定が必要である。DB の過去の資産配分と資産の過去のリターン実績動向から，当該パラメータの動向を実証研究した。

▶第Ⅲ部　未来応用編

　第Ⅰ部でみた動的資産配分戦略は，いわば「時間の推移」を利用しリスク管理する運用戦略であった。これからDBが直面する制度成熟化（掛金収入よりも給付支出が大きい状況等）や，リスク資産の変動の一層の激化やマイナス金利への対応にあたり，すべて『「時間の推移」による分散・リスク管理』という概念が関連する。

　具体的に第9章では，資産額が減少する状況に直面するDBは，どのような運用を強いられているかについて考察した。これはDBの資金の向かう先の1つであるDCの徐々に資産が増大する運用と表裏の関係にある。すなわち資産減少DBは，流出資金も合計すれば徐々にリスク資産を減少させる運用を行っていることとなり，また，資産増大DCは徐々にリスク資産を増大させる運用を行っていることとなる。これらは避けられず実施されている動的資産配分戦略ともいえるが，それらのメリット・デメリットを論じる。

　これに関連し，キャッシュフローの管理，簡易LDIの視点を推し進める観点から，債券ラダー戦略についても取り扱う。この戦略は徐々にリスク資産を増大させる戦略と構造が類似した戦略であることを示し，かつ，マイナス金利下でも一定の意義があることを論じる。

　また，バケット戦略（目的別資産管理）がDBにおいて活用されはじめてきているが，事務管理上の一定の意義はあるものの，正当化する理論は行動ファイナンスで言うメンタルアカウンティングであり，必ずしも受益者にとって最適な戦略であるとは限らない可能性があることを論ずる。

　第10章では，マイナス金利等も発生するような金融市場を巡る資産運用の新たなパラダイムに対しての戦略の「考え方」を整理する。まず「リスク」をどうとらえるかについてこれまでの理論的な整理をした後，静的であっても，動的であっても，資産配分においては各資産のリターン分布などをモデル化しつつ，目的関数を定めてこれを最大化するといった最適化の手法が通常用いられるなか，シナリオ分析でリターンを考察し，最大ドローダウンのような下値リ

スクがリスクと認識するような効用を検討する。そうしたなかで,「リスク制約条件下のリターン等目的関数の最大化という最適動的資産配分問題」をいわゆる MinMax 最適化問題に帰着して論じる。

第Ⅰ部 理論研究編

　動的資産配分問題の数理モデルの代表例は，複数の配分変更タイミングがあるなかで，無リスク資産とリスク資産にその時々で配分していき（資金フローがないセルフ・ファイナンスの前提），最終期末にあるべき目標（時価の最大化等）を達成するためには，その時々の配分はどう行うのが最適かというダイナミックプログラミングの問題（多期間最適配分問題）である。

　金融工学において，その価値が確率過程に従って変動する資産への動的資産配分を考える場合，最適な動的資産配分を行った場合の最終期末資産額を求めつつ，その過程の動的資産配分を見出すこととなるが，最終期末資産額を求めるには，

- リスク中立測度による方法
- ヘッジ戦略を規定する方法
- 投資家の効用関数を明示的に導入する方法

が考えられる。ここでは効用関数を導入し，その資産額に対応して決まる期待効用を最終期末に最大化することを目的とした問題として検討する。

　資産運用の実務では，リスク資産のリターンを予想し資産配分決定においても当然それが考慮されるが，ここではリターンが既知の分布に従ってランダムに発生すると仮定し，目的関数を最大化する戦略（資産配分）は何かを求める問題を対象とする。こうした問題の解析解は限られた前提・問題設定でしか解けないが，モンテカルロシミュレーションなどで最適解を得ようとしても，現代のコンピュータの能力をもってしても実施不可能なぐらいな試行数が必要であったりするため，解析解は実務の問題を考える場合でも出発点としてさまざまな情報をもたらすと考え，理論研究編においてその新潮流とともに整理した。

第2章

期待効用最大化の動的資産配分問題の数学的扱い

資産運用における動的資産配分において，投資家の効用関数を設定し，その期待効用の最大化を図ることで最適解を見出す数学的手法を中心に，これまでの当該分野の取り組みを整理する。Merton モデルを先達とし，その展開がさまざまに試みられている。HJB 方程式や BSDE の利用とその拡張，Malliavin 解析の利用などに言及する。

1 イントロダクション

ここでは動的資産配分の問題，具体的には，連続時間または多期間で複数の資産間の配分変更が可能であるなかで，運用資産を無リスク資産とリスク資産とにその時々で異なった配分を実施し，あるべき目標を達成するためには，どのような資産配分戦略が最適かという問題を扱う。金融工学において，その価値が確率過程に従って変動する資産への動的資産配分を考える場合，最適な動的資産配分を行った場合の最終期末資産額を求めつつ，その過程の動的資産配分を見出すこととなるが，最終期末資産額を求めるには，リスク中立測度による方法，ヘッジ戦略を規定する方法および投資家の効用関数を明示的に導入する方法が考えられる。ここでは最終期末資産額に対応して決まる期待効用を最終期末に最大化することを目的とした問題[1]を取り上げる。

Merton (1969, 1971, 1973a, 1973b, 1992) がこの分野の先達であり, 投資家の効用関数に相対リスク回避度一定の CRRA 型関数を採用し, 最終期末資産額に対応する期待効用が最大となる配分を決める Merton モデル[2]が提示された。ここでは HJB 方程式を解く問題に帰着させつつ, 効用関数に CRRA 型以外のものを利用した発展形を論じる。また, BSDE や粘性解（Viscosity solution), Malliavin 解析などにも触れる。BSDE が, 資産配分問題も含め金融分野で2000年代より活発に利用されはじめている[3]。また, 解析解とともに数値解の探求も進んでおり, たとえば Takahashi and Yoshida (2004) では Malliavin 解析と漸近展開の応用が示されている。

以下, 本章の構成は, 初めに ❷ において Merton モデルおよび HJB 方程式に触れ, ❸ において BSDE, Malliavin 解析の利用による解の探求を述べ, ❹ において Merton モデルの応用, 粘性解との関連を述べる。❺ において数値シミュレーションを論じて, 最後に ❻ においてまとめと今後の課題を述べる。

Merton モデルおよび HJB 方程式

2.1　Merton モデル

Merton は, $t=0$ からスタートして最終期末 T における資産額にかかる効用の期待値を最大化するリスク資産への投資割合を見出す次のような（連続時間の）問題を考えた。w_t を時間 t の投資家の資産額とし, 無リスク資産とリスク資産のいずれかに配分するポートフォリオ X_t で成り立っているとする。φ_t をポートフォリオの中のリスク資産の割合とし, リスク資産の価格 S は, $dS_t = S_t \mu^S dt + S_t \sigma^S dB_t$ の確率過程に従うとする（幾何ブラウン運動）。ここで, μ^S, σ^S および r^f は, それぞれドリフト, ボラティリティおよびリスクフリー金利で,

---

1　なお, 中途の外部からの資金フローがないセルフ・ファイナンスの場合を扱う。
2　Intertemporal CAPM の視点での解説は本多 (2002) 他参照。
3　たとえば吉田 (2003) 参照。

これらは固定値である前提（ブラック＝ショールズ型）とする。すると，富過程は以下の確率過程に従う。

$$dX_t = X_t[\varphi_t(\mu^s - r^f) + r^f]dt + \varphi_t X_t \sigma^s dB_t$$

このようなもと，以下の問題を設定する。

$$\underset{\varphi_t}{Sup} E[U^{STD}(w_T)] \tag{2-1}$$

$U^{STD}(w_t) = (w_t^{1-\gamma} - 1)/(1 - \gamma)$：効用関数。図表2-1参照。相対リスク回避度一定のCRRA型効用関数。
γ：リスク回避度。正数。1の場合効用関数は対数関数。
T：最終期末。

最終期末Tにおいての投資家の効用の期待値を最大化させる最適な動的資産配分の戦略，すなわち「φ_tがどのような時間依存となるか」の解を求める

[図表2-1] CRRA型効用関数：$U = (w^{1-\gamma} - 1)/(1 - \gamma)$

（実線：リスク回避度 $\gamma = 0.8$，点線：$\gamma = 1.6$）

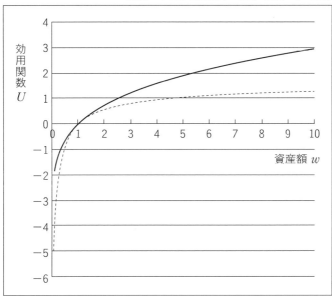

と，結論は時間 t によらず一定（固定値）という解となる（次の2.2参照）。これは常に一定割合でリスク資産を持っていることを意味し，一期間モデルと同等な投資行動となる[4]。

一般に，期待効用最大化の問題では，Martingale 表現定理を利用し，完備市場では Pliska（1986），Cox and Huang（1987）[5] や Karatzas et al.（1987）が解の存在や一意性を示した。また，非完備市場については，He and Pearson（1991），Karatzas et al.（1991）や Kramkov and Schachermayer（1999）他が取り組んだ。具体的に Merton モデルのような問題を解くにあたっては，手法として，Cox and Haung（1987）や，Karatzas et al.（1987），Ocone and Karatzas（1991）等の Martingale 法と，Karatzas et al.（1986）等の Bellman 原理および Verification theorem による，HJB 方程式を利用したダイナミックプログラミング法とがある[6]。

2.2 HJB 方程式

Merton モデルに関し，HJB 方程式を利用して解を求めると次のとおりである。

$V^{STD}(w_t, t)$ を価値関数（Value function）として，最大化問題,

$$\underset{\varphi_t}{Sup} E[U^{STD}(w_T)]$$

Subject to： $V^{STD}(w_T, T) = U^{STD}(w_T)$

（価値関数 $V^{STD}(w_t, t) = \underset{\varphi_t}{Sup} E[U^{STD}(w_t)]$）

を考え，ダイナミックプログラミングの方法から得られる HJB 方程式，

$$V^{STD}{}_t + V^{STD}{}_w w_t [\varphi_t(\mu^s - r^f) + r^f]$$
$$+ V^{STD}{}_{ww}(\sigma^s)^2 w_t{}^2 \varphi_t{}^2 / 2 = 0 \qquad (2\text{-}2)$$

---

4 近視眼的（myopic）な解。
5 森田（1997）が詳細な解説を行っている。
6 両手法については，第 4 章 Appendix B を参照。

（$V^{STD}(w_t,t)$ の t, w の下付き小文字サフィックスは当該変数による偏微分）

について，φ_t についての一階の条件から，以下のとおり，時間によらず，常に一定割合のリスク資産を持っている解が得られる。

$$\varphi_t = \frac{(\mu^S - r^f)/(\sigma^S)^2}{-(w_t V^{STD}_{ww})/V^{STD}_w} = \frac{(\mu^S - r^f)/(\sigma^S)^2}{\gamma}$$

HJB 方程式で動的資産配分問題が記述できれば，確率微分方程式（Partial Differential Equation (PDE)）を解くことに帰着できるメリットがあり，解析解や数値解などを見出すことが容易となる。

3 BSDE 等

3.1 BSDE の利用

確率過程に係る動的資産配分問題を解く手法として，近年注目を浴びたのが BSDE の利用である。一般に HJB 方程式のような PDE に比して，小さい次元の問題に定式化できる可能性があり，解析的にも数値的にも解を見出すことが容易である可能性が高まる。また，BSDE が最終期末から初期に時間を遡っていく手法であり，この遡っていく進路等を決めるものは何か（後述の式(2-3)における f に相当），また，確率変動する資産への配分を扱うなかで，その配分後の資産変動をヘッジする戦略はどのようなものか（後述の式(2-3)における Z_t に相当），といった点において示唆を与えてくれる。

3.2 BSDE と HJB 方程式

BSDE は一般的に Y_t を確率状態変数として，以下の形式を持っている。

$$dY_t = -f(t, Y_t, Z_t)dt + Z_t dB_t \tag{2-3}$$

Subject to：$Y_T = \xi$

f：Generator あるいは Driver
Z_t：ヘッジ戦略に相当する状態変数
ξ：Y_t の $t=T$ での Terminal condition

BSDE の解の存在について，Generator が quadratic な場合[7]に，Kobylanski（2000），Morlais（2009），Briand and Elie（2012），Hu and Schweizer（2008），Fromm et al.（2011）等は，一定の条件化での解の一意性とその存在を示した。また，より一般化して，Pardoux and Peng(1990)や El Karoui and Hamadene（2003）等はさまざまな問題設定での BSDE において一定の条件下で解の一意性とその存在を示した。

多くの問題設定では，Terminal condition である ξ が，別の確率状態変数 X_t に依存する形，すなわち $\xi=g(X_T)$ とされ，そして X_t は，

$$dX_t = \mu(t, X_t)dt + \sigma(t, X_t)dB_t \tag{2-4}$$

との設定がなされる。式(2-3)と式(2-4)を合わせたものは，Decoupled FBSDE（Forward Backward Stochastic Differential Equation）と呼ばれ，その解の存在および一意性は Antonelli（1993）により示された。また，Pardoux and Peng（1990）や Peng（1993）により，PDE と FBSDE との関連について，PDE の一般 Feynman-Kac 公式を利用し，以下が示された。

X_t は，$dX_t = \mu(t, X_t)dt + \sigma(t, X_t)dB_t$ に従うとし，ある Y_t が，X_t を変数として取り込み，$dY_t = -f(t, X_t, Y_t, Z_t)dt + Z_t dB_t$ に従うとする。

境界条件は $Y_T = g(X_T)$ として，ここで，$V(t, x)$ が，

$$V_t + \mu V_x + \sigma^2 V_{xx}/2 + f(t, X_t, V, \sigma V_x) = 0 \tag{2-5}$$

を満たし，$V(T, X_T) = g(X_T)$ であれば，$Y_t = V(t, X_t)$（価値関数に相当），$Z_t = \sigma(t, X_t)V_x(t, X_t)$ となる[8]。

期待効用最大化の動的資産配分問題においては効用関数が与えられると価値

---

7 期待効用最大化問題のモデル化では一般的である。
8 本書の表記に合わせ，かつ簡素化して記述。

関数に相当する V が決まるため，式(2-5)は式(2-2)でみたような HJB 方程式に帰着される。また，一般的にも，Ma et al.(1994)が，確率過程が Markovian であれば，伊藤の Lemma により FBSDE が non-linear PDE に帰着させることができ，PDE を解析的にあるいは数値的に解くことができることを提示した (4 Step Method)。しかしながら，Cvitanic and Ma (1996) や Douglas et al. (1996) などにより，状態変数の次元が増加すると数値的であっても解くことは負荷が大きいことが指摘された。なお，Ma et al. (1994) よりも前提条件を緩和した場合の解について，Lepeltier and Martin(1997, 1998)，Kobylanski(2000) 等が扱っている。

3.3 BSDE と効用最大化問題

Hu et al. (2005)，Sekine (2006)，Pham (2010) などは，CRRA 型効用関数や指数関数 (Exponential) 型効用関数における期待効用最大化問題を BSDE の式(2-3)の Generator を定式化することで解いている。これらは，関数に国友・高橋 (2004) などの漸近展開を当てはめることで解の解析が容易となる可能性がある。また，Mania and Tevzadze (2003, 2008) は，期待効用最大化問題における効用関数から BSDE や Martingale を利用してポートフォリオ X_t を求める定式化を行っている。

3.4 Malliavin 解析

Zhang (2001) や Ma and Zhang (2002) において，BSDE と Malliavin 解析の関連が示されている。Malliavin 解析による手法で，いわば微分が実行できるため確率変数に対して最適解がどんなであるか解の構造のヒントを与えてくれる。Malliavin 解析の詳細は Malliavin(2006)，Nualart(1995)や Oksendal(1997) などに譲るとして，Cetin (2006) によると確率微分方程式 $dX_t = \mu(t, X_t)dt + \sigma(t, X_t)dB_t$ に関し，Malliavin 解析の微分オペレーター D について，以下が示されている。

$$D_u X_s = \sigma(u, X_u) + \int_u^s \nabla_x \mu(r, X_r) D_u X_r dr + \int_u^s \nabla_x \mu(r, X_r) D_u X_r dB_r$$

$\nabla_x f(t, x)$：gradient

また，Imkeller (2008) に従うと，BSDE との関連で，

$$dY_t = -f(t, Y_t, Z_t)dt + Z_t dB_t$$

$$Y_s = Y_t + \int_t^s Z_r dB_r - \int_t^s f(r, Y_r, Z_r) dr$$

$$D_u Y_s = Z_u + \int_u^s D_u Z_r dB_r$$
$$- \int_u^s [\partial_y f(r, Y_r, Z_r) D_u Y_r + \partial_z f(r, Y_r, Z_r) D_u Z_r$$
$$+ D_u f(r, Y_r, Z_r)] dr$$

が示される（本書での表記にそろえている）。

なお，その他，こうした解の構造をみる手法としては Martingale 漸近展開[9]等がある。

4 Merton モデルの拡張

4.1 Merton モデルの拡張（その1）

Merton モデルを含む，いわゆる通常の均衡資産評価モデルにおいては，リスク回避と（時点間の）消費の代替性という，本来概念的には別のものに1つのパラメータ γ しか割り当てていないので，時間の経過で投資行動が変わることをモデル化することは困難である（モデルの仮定自体がその可能性を塞いでいるともいえる）。そこで，リスク回避度 γ と消費代替性 Ψ の2つを分離し，それぞれ別のパラメータを与えた Kreps-Porteus 型効用関数を用い，時間軸での変化をモデル化しようとする試みが続けられている。たとえば以下のように，

9　吉田（2010）参照。

Consumption CAPM による期待効用最大化問題において，Eqstiein-Zin 効用関数が使用される[10]。

$$\underset{\varphi_t}{Sup} E[\int_0^T U(C_t)dt + U(w_T)]$$

効用関数 $U(w_t, t) = [(1-\delta)C_t^{(1-\gamma)/\theta} + \delta(E_t[(U(w_{t+1}, t+1))])^{1/\theta}]^{\theta/(1-\gamma)}$

δ：消費への配分率
C_t：消費，$\theta - (1-\gamma)/(1-1/\Psi)$

4.2 Merton モデルの拡張（その2）

近年，「最終時価が大きいほど良いが，その最終時価が確率的にぶれてしまうそのぶれも抑えること」を目的関数とすること等の，最終期末の期待効用のみならず，リスクをも考慮する Risk Sensitive [11]な考え方が出てきている。ここでは，具体的な戦略がわかりやすい Hojgaard and Vigna（2007）についてみると，式(2-1)に代えて目的関数を次のように，いわゆる Mean-Variance 最適化としている。

$$\underset{\varphi_t(w_t)}{Sup}(E[w_T] - a\text{Var}[w_T])$$

解析解は，Merton モデルと同じパラメータ前提では，リスク資産配分割合 φ_t に関して，

$$\varphi_t(w_t) = \frac{\mu^S - r^f}{(\sigma^S)^2} \cdot \left(\frac{e^{-r^f(T-t) + \left(\frac{\mu^S - r^f}{\sigma_S}\right)^2 T}}{2aw_t} + \frac{1}{(w_t/(w_0 e^{r^f t}))} - 1 \right)$$

---

10 例として，連続時間では Kraft et al. (2011)，離散時間では Campbel and Viceira (2002)。
11 Hojgaard and Vigna (2007) を一例として例示。一般に，期待効用最大化において，$E\left[\frac{1-e^{-\gamma x}}{\gamma}\right] \approx E[x] - \frac{\gamma}{2}E[x^2]$ であることから，効用関数 $\frac{1-e^{-\gamma x}}{\gamma}$ は Risk Sensitive な側面を持つといえ，また，これに関連し，エントロピー型の効用関数 $\ln E[e^{-\frac{\gamma}{2}\ln x}]/(\gamma/2) \approx E[\ln x] - \frac{\gamma}{4}Var[\ln x]$ も利用される。

となっている[12]。厳密ではないが大雑把に言ってリスク資産額への配分割合が，リスク資産の変動で増減する資産額に反比例するような時間依存の戦略である。これは，運用において，資産のリターンがプラスで資産が増加した場合には一定量リスク資産を売却し利食い，資産のリターンがマイナスで資産が減少した場合には一定量リスク資産を買い増しナンピン買いをすることで，最終的な資産額の期待値のブレを抑える，いわゆる逆張り戦略の１つである。

4.3　粘性解との関連

HJB方程式のようなPDEにおいて解析解は容易には得られないことが多い。PDEの解において，連続性を緩めた条件設定での解で，一意性がある場合の弱解とよばれる解は，粘性解と呼ばれている。一般にはGrandall et al.(1992)を参照し，gを粘性解として，以下のように表現できる[13]。

$$F(t, w, V, q, p, M) = -q - H(w, p, M)$$

ハミルトニアン：$H(w, p, M) = \underset{\varphi_t}{Sup}[b(w, \varphi)p + (\sigma^s)^2 M/2]$

q：価値関数 V の時間 t による一階偏微分
p：価値関数 V の w による一階偏微分
M：価値関数 V の w による二階偏微分

として，$Min[-q-H(w, p, M), -g_{ww}] = 0$ および $Min[V-g_{ww}, -g_{ww}] = 0$ を満たす。

後述のYamashita (2014a)で得られた効用関数が折れ曲がった場合の解は上記 g の性質を有する[14]。

12　期中資金フローがない場合。本書に記載するにあたり，表記を本書に合わせたものに変更。
13　なお，Kobylanski (2000), Matoussi and Xu (2008), Briand et al. (2003) などにおいて，BSDEと粘性解との関連が議論されている。
14　第4章で後述するとおり，解は資産額につき一定の区間に限定されており，その区間内での分析である。

4.4　停止時刻と Reflected BSDE

多期間での動的資産配分問題を考える場合，期間の途中で目的を達成してしまうことがあり得る。そこでは配分の変更を終了し，リスク資産を全部無リスク資産に変えて以後何もしないことが最適な戦略となるケースなどがある。これが停止時刻（Stopping time）問題である。

これらのような，停止時刻を含む問題や資産額に上限等があるような問題は，BSDE のなかでも Reflected BSDE によって記述される。Reflected BSDE は，停止時刻問題の他，snell envelope，barriers，Dynkin games 等を扱うことができるとされる。

文献としては Memin et al.(2008)，Ma et al.(2008)，Hamadene and Hassani (2005)，Hamadene and Lepeltier（2000），Hamadene and Popier（2008），El Karoui et al.（1997），Cvitanic and Karatzas（1996），Lepeltier et al.（2005）等があり，Hamadene and Jeanblanc（2007）では停止時刻問題の拡張として，停止後，復活し開始することも扱われてきている。

4.5　その他の発展形

効用関数の形状やリスク資産のリターンの確率過程の発展形として，たとえば効用関数では HARA 型（Hyperbolic absolute risk aversion）への拡張や指数関数（Exponential）型が取り上げられており，確率過程ではジャンプ過程などの利用がなされている。後者は，リスク資産リターンの分布において，実際にはテールが正規分布よりもかなりファットであることをモデル化することが想定されているが，ジャンプ過程を含む場合には伊藤の Lemma の適用や Feymann-Kac 公式の適用が難しく，また，解が一意に決まらないことも多い等の難点がある。Eyraud-Loisel（2005）や Platen and Bruti-Liberati（2010），Kou（2008）などで扱われている。

数値シミュレーションに関して

　Mertonモデルでは解析解が求まったが、こうしたことは限定された場合に限られており、数値シミュレーションがこれを補っている。まず、Munk(2003)ではMarkov chain approximationを利用してMertonモデルの連続時間解の数値シミュレーションを行っている。これは数値シミュレーションを行うためのgridのとり方を工夫するもので、この他Pages et al. (2004) 等では同等な手法としてquantization algorithmの手法が提示されている。

　一般にモンテカルロシミュレーション手法としてDetemple et al. (2003) やCvitanic et al. (2003) 等の手法があり、ダイナミックプログラミングによるものとしてBrandt et al. (2005) やLongstaff and Schwartz (2001) 等の手法がある。また、Takahashi and Yoshida (2004) ではMalliavin解析と漸近展開の応用が示されている。なお、リスク資産の種類が多くなるケースでのシミュレーションとなると現在のコンピュータの能力をもってしても限界があるほどに膨大な計算となる。

　一方、BSDEを利用した期待効用最大化の解は容易にシミュレーションできない。たとえば式(2-3)のfがZに依存しないことや、最終期末の境界条件があらかじめ設定されている必要があり、利用できる問題設定が大きく限定されている。Peng and Xu (2011) 等は最終期末の境界条件設定が実際の資産運用での状況設定とはやや趣を異にする設定である。

　その他のシミュレーションの取り組みには、アメリカンオプションのシミュレーションで利用されるLongstaff and Schwartz (2001) の手法を利用したもの等として、Porcher et al. (2008)、Delarue and Menozzi (2006)、Bouchard and Touzi (2005)、Chaumont et al. (2005)、Gobet et al. (2005)、Peng (2003, 2004)、Zhang (2001)、Ma and Zhang (2002)、Memin et al. (2008)、Ma et al.(2008)、Bally and Pages(2000)、Ma and Zhang(2005)、Martin and Torres (2007)、Douglas et al. (1996) などがある。

まとめと今後の課題

　動的資産配分を，無リスク資産と，リターンが一定の確率過程に従うリスク資産との連続時間または多期間の最適な資産配分を求める問題とみなして数理モデルで分析する手法を鳥瞰した．Merton モデルを先達として，その応用形，HJB 方程式との関連，BSDE の利用など，さまざまに進展してきている．また，Malliavin 解析などとの連携もなされている．一方，その数学的扱いは複雑化し解析的に解を得ることが難しくなってきていることもあり，シミュレーション手法も進展してきている（Yamashita（2014b）参照）．

　今後の課題としては，資産運用の実態に近づけるべく，仮定や制約を緩めていくことがある．リスク資産のドリフトやボラティリティ一定等を仮定すれば，解析解が比較的容易に見出せる傾向にあるものの，かなり強い仮定であることは否定できない．

　一方，ジャンプ過程などを取り込むと，解を見出すことが複雑となる．また，BSDE を利用する場合には，最終期末を境界条件として問題を解くこととなるが，停止時刻の問題等の制約をはじめ，多くの考慮の余地がある．さらに，異なった切り口として，たとえば Zhu et al.（2004）では最終期末の状態のみを目的関数とすることの危険性を論じている．また，そもそも効用関数にどんな形状を仮定することが望ましいのかも，深く検討する必要があろう．

第3章

効用関数を利用した新しい運用フレームワークのモデル化の考察

Summary　2008年のリーマンショックなどの金融市場の大きな変動は，DBの資産運用成績を大幅に悪化させた。こうしたなか，DBの積立不足がこれまで以上にDBを運営する企業の財務諸表に直接的影響を及ぼす方向に会計基準が改定され，資産価値の大きな変動，特に下値リスクをなるべく避けることや，大きく減少した資産の回復を優先する運用戦略などが検討されるだけでなく，実際に利用されはじめた。すなわち，運用における下値リスクやボラティリティを抑えることが資産運用方針の重点となり，DBが積立不足にあるか否かによってDBの運用方針を機動的に変更していくことも新たな視点として取り入れられている。

　本章は，このような新しく出現した，政策アセットミックスを静的なものから動的なものに変えていく運用フレームワークに対して，動的資産配分の観点からのモデル化を提示する（なお，具体的な数学的解法は第4章で検討する）。

 イントロダクション

　米国におけるDBの資産運用に関しては，かつては主として，債券と株式の投資割合が根幹の問題として議論されてきた。1970年代には，Sharpe，BlackやMertonら錚々たる学者らがDBとDBを運営する企業とを会計上連結して

考えつつ，合理的な資産運用のあり方を論じた。たとえば税負担を考慮して，企業の立場から，株式と債券でどちらが有利か等が検討された[1]。

最近では，株主の立場から見た企業価値とDBの関連がクローズアップされ，Jin et al. (2006) は，個別銘柄の株式の株価リスクにおいて，DBの財務状況やDBの資産内容・資産運用リスクを反映しているという実証結果[2]を報告している。また，社債のクレジットスプレッドについてChan et al. (2008) が同様の結果を報告している。

こうしたなか，日本においては2000年代に入ってからDBの財務状況についてその運営企業側での会計開示が開始され，年金債務と比較したDBの資産積立状況が，株式市場でどう評価されるかという観点が注目を集めはじめた。近年は，上場企業の会計基準のIFRSコンバージェンスの動きが進むなか，DBの積立不足がこれまでに比べ明確にDBを運営する企業の財務諸表の数値で認識されるようになり，株価の形成に一定のマイナスの影響を及ぼすとの分析がなされている（Yamashita (2011)）。

こうした状況のなかで，現時点でのリスク資産保有状況のみならず，DBを長期に運営していくうえで，リスク資産への投資割合などをどうすべきかという動的資産配分の問題がクローズアップされることとなった。たとえば，DBの資産運用における下値リスクが一段と注目され，また，リーマンショックなどの金融市場の大きな変動がもたらした運用資産価値減少でDBが深刻な積立不足に陥ったなか，これまでの運用戦略のあり方を静的なものから動的なものに変更する動きが出てきた。

以下，このような状況を踏まえ，❷で新しく出現した運用のフレームワークを紹介し，❸で❷において紹介したフレームワークをモデル化する場合の視点をまとめ，❹においてDBの効用関数の設定や，当該効用関数から導かれ

1　Sharpe (1976), Treynor (1977), Black (1980), Teppen (1981), Bodie (1990), Bicksler and Chen (1985), Bulow and Scholes (1983) など。
2　第Ⅱ部にて，会計情報の公表と株価や株式リターンとの関係という視点に，より重点をおいた国内外の分析に言及している。

る運用戦略の例をあげて，新たに出現した運用フレームワークに関するモデル化を概観する。最後に **5** でまとめと今後の課題を述べる（なお，具体的な数学的解法は第4章で検討する）。

新しい運用フレームワークの出現

2008年にリーマンショックによる金融市場の大幅下落があったが，ちょうどそのころはDBの積立不足がこれまでに比べ明確にそれを運営する企業の財務諸表の損益計算書で認識されるようになることが検討されはじめた時期であった。リーマンショックではDBの運用リターンが大幅なマイナスとなったことから，減少したDBの資産価値が年金債務の額を大きく下回り，多くのDBが深刻な積立不足に陥り，こうした状況のもと，1987年の米国株式市場の暴落(ブラック・マンデー)を機にブームが終わった感があった，『運用結果が振るわず資産が減少するとリスクの低い運用を行う』ような運用戦略，いわゆるポートフォリオ・インシュアランスの考え方がDBにおいて再び徐々に取り入れられはじめた。また，積立不足に陥ったDBの資産運用において，当初の積立不足状態にあっては高いリターンを狙う必要があるが，積立不足が解消された後は高いリターンを狙う必要はないという動的資産配分の戦略が新しく注目され，取り入れるDBも出はじめた。

前者のポートフォリオ・インシュアランスの考え方の運用戦略は，DBの中心的資産運用機関である信託銀行等によるDB資産運用において，国内外の株式や国債等に分散投資する基本的な運用戦略であるバランス運用を高度化するものとして取り入れられつつあり，新たな運用手法の方向性の1つとなって運用フレームワークとして定着しつつある。

また，加えて国内株式など個別の資産や，為替変動で資産価値が変動する外国株式や外国国債等に対して，運用結果が振るわず価値が減少すると売却して無リスク資産に移すという，ダイナミックヘッジと呼ばれる戦略も検討されるようになってきているが，これもポートフォリオ・インシュアランスの一種で

ある。さらに，一般に，DBに対して提供される運用戦略の多くに，運用結果が振るわず資産が減少すると高いリターンを狙わずリスクの低い運用を行うといった下値リスク管理等を実施する方針が内包されるようになってきている。

一方，後者の積立不足にあっては積立不足解消を見据えて高いリターンを狙う（リスクをとる）必要があるが，この積立不足が解消されれば高いリターンを狙う必要はないという動的資産配分の戦略も普及しつつある。企業年金にかかる業界組織で，解散した年金制度の引継ぎや転職者等の年金を扱う組織である企業年金連合会のホームページを見ると，11兆円あまり[3]ある資産の大部分に相当する基本年金等対応部分[4]の長期的運用資産配分において，年金資産額の債務額に対する割合である積立水準ごとに政策アセットミックスが事前に定められており，積立水準の変化に応じて資産配分を変更する動的管理が行われている。

その内容は，図表3-1に示したとおり，積立水準が上昇してくると国内外株式の資産配分を減らすというものである。DBのオピニオンリーダーである企業年金連合会のこの方針は，まさに新しい運用フレームワークを反映している。また，これと同等な考え方，すなわち，運用の成績が良好で資産価値が上昇していくにつれリスクを減らすことと同等な効果を持つカバード・コール戦略とよばれる戦略も，DBに対して運用会社より提供され，採用されはじめている。

---

3 平成25年度末現在。
4 平成26年3月までに厚生年金基金から移換された基本年金と代行年金および平成17年9月までに移換された脱退一時金相当額や残余財産分配金を原資とした年金給付等で，基本年金と代行年金には国に代わって厚生年金の一部を支給する給付が含まれる。

[図表 3 - 1] 企業年金連合会の基本年金等対応部分の運用方針[5]

	積立水準	国内株式	外国株式	国内債券	外国債券
2010年 8月1日から	100%未満	40%		60%	
	100%以上から105%未満	35%		65%	
	105%以上から110%未満	30%		70%	
	110%以上から115%未満	25%		75%	
	115%以上	20%		80%	
2013年 7月23日から (2014年11月25日まで)	100%未満	43%		57%	
	100%以上から105%未満	38%		62%	
	105%以上から110%未満	33%		67%	
	110%以上から115%未満	25%		75%	
	115%以上	20%		80%	

2015年3月末現在

積立水準	内外債券	内外株式
105%未満	50%	50%
105%以上110%未満	55%	45%
110%以上	60%	40%

これからの年金財政・年金資産運用のモデル化を考える視点

3.1 多期間での考察の必要性

　年金制度の実務では，脱退・退職・死亡などの事象発生頻度が，母集団を大きくして長期間でみることで安定することを前提としている。また，簡素かつ保守的な金利水準を設定するとの趣旨で，1つの割引率で年金債務算定などの財務計算を行ってきた。そして，資産運用についても運用成績が中長期で見ると安定していることを前提としてきた。こうした前提のもと，短期的相場感に

5　企業年金連合会ホームページより抜粋。

よる運用は別にして，一期間・静的資産配分モデルに基づき想定されるリターン・リスクを元に作成した効率的フロンティアに依拠して中長期の政策アセットミックスを決定してきた。

しかしながら，昨今では単年度ごとに良好かつ安定的な運用成果が求められる等の理由から，バイ・アンド・ホールド型の一期間モデルではなく，動的な多期間モデルが重要となってきたといえる。これまでも随時，その時々の状況に応じてリスク管理や資産運用に関して方針の再検討が行われてきたが，リーマンショック以前には，最適と考える多期間のリスク管理や資産運用方針を事前にきっちりと十分に検討していたとはいえない。

金融工学の視点からは，リスク資産のリターンが一定の確率過程に従うとしたうえで，投資主体の行動を効用関数の特定化によってモデル化し，さまざまな制約条件のもと，多期間における，期待効用最大化の動的資産配分問題を解いて最適解を見出し，それに該当する運用戦略を実施していくことが提案できる。

3.2 効用・制約条件の変化

投資主体としてのDBにどのような効用関数を想定するべきか。運用において単年度損益や期中の大きな下落が問題になってきており，こうした観点を反映するためには，下値リスクに関連する制約条件を具現化しつつ，効用の期待値を最大化する多期間解を求めることが考えられる。

また，目標額からみて積立不足にある状況や，最低の資産額を確保する意向が強固な場合の投資行動を捉えるには，一期間のシャープレシオ最大化という従来型基準では明らかに不十分である。たとえば，本論文のように効用関数の形状を変化させることで，下値リスク管理や積立不足などの課題解決策をDBの投資行動モデルに反映させ，最適な多期間の投資方針がどうあるべきか，理論的に検討することがきわめて重要となってきている。

年金資産運用発の新しい運用フレームワークの モデル化例

4.1 単年度損益の安定化戦略

効用関数を利用したモデル化手法を取り上げる。単年度損益安定化の観点からはリスクも考慮した運用戦略が求められる。たとえば第2章でも取り上げた Hojgaard and Vigna (2007) のモデルは資産残高の水準(それまでの運用の結果)に依存して投資行動を変えるものである。このモデルでは，最終的な資産額の大きさ(期待値)のみならずその変動も抑えることを意図した場合の動的資産配分問題の解を求め，リスク資産への最適配分割合が資産残高に依存するという動的な解を見出している。すなわち，大雑把にはリスク資産配分割合がその時の資産額に反比例する要素を持つような戦略である。これは，繰り返しになるが，資産のリターンがプラスで資産が増加した場合には一定量リスク資産を売却し利食い，資産のリターンがマイナスで資産が減少した場合には一定量リスク資産を買い増すナンピン買いをすることで，最終的な資産額の期待値のブレを抑える，いわゆる逆張り戦略である。なお，こうした戦略を見出す手法として，リターンのパターンを多数用意してシミュレーションで求める Bogentoft et al. (2001) の方法も提案されている。

4.2 中長期的な運営の視点

最低限の資金確保のニーズがあるような場合や年金債務等に比して資産が小さく，積立不足にある状況での投資行動のモデル化にあたり，Merton モデル[6]で考えた CRRA の効用関数を変化させることで捉えることを考える。ここでは山下 (2011) にならい具体的には Merton モデルとその発展形の7つのケース

6　第2章参照。Merton (1969, 1971, 1973a, 1973b, 1992)。

[図表 3 - 2] DB に対する効用関数の発展形の例

(w_0, U_0 は資産額, 効用を規格化するもの)

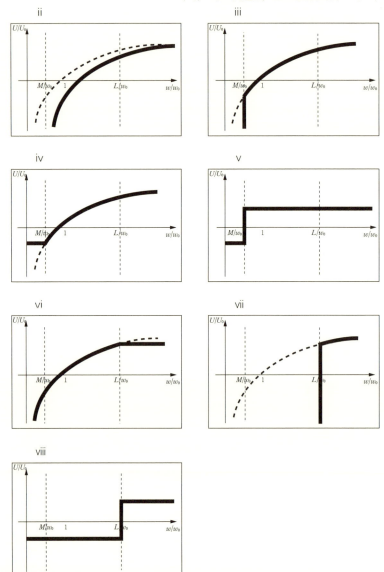

(次のii〜viii)を考える(図表3-2参照。資産額 w ＜年金債務 L の積立不足状態の場合)。

i　Merton モデルでの効用関数（U^{STD}）（第2章図表2-1参照）
ii　最低積立金額（M）を資産額が下回らないことが要求される（資産額が減少して M に近づくと効用が「徐々に」マイナス無限大となる）場合の効用関数
iii　資産額が M を割ると効用が「突然」マイナス無限大となる（第4章の $U^{M,L}$ の左側，U^M)
iv　資産運用結果が芳しくない等から，資産額が M を下回ると公的機関が M に足りない分の資金を譲与するため，M を下回る度合いについて心配することがないような場合の効用関数
v　最低金額 M を資産額が上回るか否かでデジタルな効用を持つ効用関数
vi　資産額が年金債務額＝目標額（L）に到達すると，これ以上資産額が増加しても効用が不変（第4章の $U^{M,L}$ の右側，U^L)
vii　資産額が目標額（L）を超えて初めて効用を獲得し，これ以上で効用が逓増する効用関数
viii　資産額が目標額（L）に到達するかしないかで，デジタルな効用を持つ効用関数

　実務的な運用戦略を見出すために，以下のiの場合の Merton 解を利用しつつ，あるべき解を考察する。数学的な解法を考える場合，効用関数の折れ曲がり，一定資産以上の領域で効用が変化せず横軸と平行となる点，二階微分が不可能である点等の留意点があるが，iiiおよびviについて，詳細は第4章を参照されたい。他はここでは定性的な考察のみとする。また，以下では連続時間でストライク・プライスなどが変化するオプションを導入している。当初に一定の条件のオプションを購入して以後保有するのではなく，常に新しい条件に変更されたオプションにリバランスする行動をとることとなる。この点，特定のプット・オプションやコール・オプションをバイ・アンド・ホールドするような一期間モデルと異なる[7]。

【ⅰの場合】

Merton モデル。第 2 章および第 4 章を参照。

【ⅱの場合】

Merton モデルの効用関数を w_t 軸にプラス M だけ並行移動したものであり，M の資金を下回ることは効用が無限大のマイナスであることから許されず，はじめから資産額 w_0 のうち，M だけ別途確保（正確には $Me^{-r^f(T-t)}$）しておくこととなる。効用関数を横軸方向に平行移動した形なので，別途確保した資金を踏まえたうえでの Merton モデルの解と同様な投資行動となる。最終的にモデルの解は，

$$w_t = M \cdot P(T-t) + \xi_t X_t^{STD}$$

$P(\tau) = e^{-r^f \tau}$：満期 τ，利回り（連続複利）r^f のゼロクーポン債
ξ_t：t ごとに定まる定数
X_t^{STD}：U^{STD} の効用関数のもと，時点 t での Merton モデル最適ポートフォリオ

となる。これは，リスク資産を含んだ資産 X_t^{STD} の資産額全体に対する割合が $w_t - M \cdot P(T-t)$ に比例して決定されることとなるが，「ゼロクーポン債などで元本を手当てしたとみなして，余裕資金分の定数倍の量を，リスク資産へ投資する」というポートフォリオ・インシュアランスの 1 つである Constant Proportion Portfolio Insuance（CPPI）戦略となる。

【ⅲの場合】

資産額 M にて効用がマイナス無限大となってしまうが，上記のような M に

---

7 加えて，戦略を実施しているなか，最終期末までの時間で，残り期間をリスクフリー金利で運用すれば目標額に到達するというレベルまで資産時価が到達する場合がある。その場合，そこで一旦全部無リスク資産にしてリスクフリー金利で運用するのが自然な行動である。これは既述した停止時刻問題であり，このような場合分けを含むものが解となる。

近づくにつれてなだらかにマイナス無限大となるのではなく，M において突如マイナス無限大となるため，投資行動は，リスク資産を含んだ資産 X_t^{STD} と，M の関数をストライク・プライスとするプット・オプションを買う解となる。実際の買う量の調整の係数である下記 ζ_t やストライク・プライスの調整等はセルフ・ファイナンスの制約から決まる（詳細は第 4 章参照）。

$$w_t = \zeta_t \left(X_t^{STD} + Put\left(\frac{M}{\zeta_t}, T-t\right) \right)$$

$Put(K, \tau)$：ストライク・プライスは K，期間 τ のプット・オプション時価
ζ_t：t ごとに定まる定数

【ivの場合】

年金制度に保証制度があるような場合（資産額が M を下回ると下回った分，公的機関より資金が供給されるような場合），資産額が M よりも小さくなっても効用は不変である場合。すると，M よりも仮に小さい状況にある場合にとる行動は，

「ペイオフが $M-w_t$ のデジタルオプションを購入する」

ことになる。要するに一発逆転的に M を超えることを目指す（M を超えて初めて効用が逓増していくため）。M よりも大きい状況では Merton モデルに同じである。

【vの場合】

ivの類推から，まず開始時の w_0 が M 以上であれば何もしない（リスクフリー金利で運用），M 以下であればデジタルオプションで一か八かの勝負をする以下の行動をとることとなる。

「ペイオフが $M-w_t$ のデジタルオプションを購入する」

【viの場合】

本書で最も詳細な分析を行う効用関数である。目標額 (L) に達成すると, それ以上の資産増大のインセンティブがなくなる。ただし, まだ積立不足の年金にとっては, このレベルに達成するために努力する, 達成したらそれ以上は望まないと捉える。深刻な積立不足にある場合を出発点とする場合と, 積立超過を出発点にする場合とでは対応が異なるはずであり, 積立不足にある場合の投資行動の効用関数をこのようにモデル化したものである。

投資行動は, X_t^{STD} と, 資産額レベルとしての L を確保することを目標とする意味で L の関数をストライク・プライスとするコール・オプションを売るカバード・コールの解となる。

$$w_t = \xi_t \left(X_t^{STD} - Call\left(\frac{L}{\xi_t}, T-t\right) \right)$$

$Call(K, \tau)$：ストライク・プライスは K, 期間 τ のコール・オプション時価
ξ_t：t ごとに定まる定数

実際のオプションを買う量の調整の係数である下記 ξ_t やストライク・プライスの調整等はセルフ・ファイナンスの制約から決まる（詳細は第4章参照）。

【その他】

viiの場合とviiiの場合の解は, それぞれiiiの場合とvの場合の M を L で置き換えたものとなる。

まとめと今後の課題

近年, いかに下値リスクを抑えるか, また積立不足に対応するかがDBの資産運用の重点となってきている。これらを勘案した戦略がDBの新たな運用フレームワークとなってきているが, これを期待効用最大化に基づく動的資産配分問題として考えるアイディアを紹介した（なお, 第4章にて, ここでのアイディ

アのなかで，折れ曲がった効用関数の2つの例の詳細を取り扱う）。

　今後は多期間の最終期末の資産額についての効用だけでなく，期間中の変動抑制なども目標として考慮に入れてモデル化することなどが課題として上げられる（第5章参照）。

第4章

折れ曲がり効用関数による動的資産配分問題の最適解

Summary　特定の折れ曲がりのある効用関数を最大化する動的資産配分問題を，HJB方程式を使って解析的に解くことは困難である。ここでは，Legendre-Fenchel変換を利用し，Dual効用関数による定式化を行うことで，折れ曲がり部分を明確に捉え，最適な解を解析的に得た。こうして得られた折れ曲がりのある効用関数に基づく問題の最適解は，資産運用においてプロテクティブ・プットやカバード・コールといわれる戦略に類似した運用戦略となることがわかった。

　イントロダクション

　折れ曲がった効用関数を用いて期待効用最大化による動的資産配分問題を設定し，無リスク資産とリスク資産への動的な最適配分をモデル化することを考える。DBにおける資産運用を考え，その効用について，資産額がある下限値を下回ることを許さないような効用となっている場合，および，資産額がある上限値になればそれ以上増えても効用が増えない場合を想定し，具体的に折れ曲がった効用関数でモデル化した。Martellini and Milhau (2009) は，積立水準に下限値あるいは上限値が存在する場合の期待効用最大化の問題を扱っているが，本書ではそうした直接的制約ではなく，効用関数が折れ曲がっていることで問題設定する。

一般に効用関数を利用した動的資産配分問題を解くにあたり，効用関数が二階微分可能である場合にはHJB方程式を利用し，比較的多くの場合で解析解を得ることができる。しかし，効用関数が折れ曲がっている場合，解析解を得ることは容易でない。最近，Bian, Miao, and Zheng（2010）によって，一般的に動的資産配分問題を解く場合，必ずしも効用関数の微分可能性や厳密に凹型であることを必要とせず，解が得られることが示された。本章ではLegendre-Fenchel変換を利用し，Dual効用関数による定式化を行うことで折れ曲がりを明確に捉え，特定の折れ曲がりのある効用関数の解析解が導かれることを示す。

　ここでは2つのモデル効用関数，すなわち，一般的なCRRA型効用関数が一定の資産価値を下回ると折れ曲がり，値がマイナス無限大になるような効用関数および積立不足が解消すれば資産価値がそれ以上増えても効用がそれ以上増えないような効用関数を設定し，それらを使って得られた解析解はそれぞれプロテクティブ・プット戦略やカバード・コール戦略に類似した戦略となった。振り返れば1980年代において，プロテクティブ・プットは最適戦略といえるかという議論が交わされ，Brennan and Solanki（1981）では効用関数が直線形である条件が必要とされ，Benninga and Blume（1985）では無リスク資産が存在しないという条件が必要とされた。これらの研究結果が意味することは，通常，プロテクティブ・プットは最適戦略でないということになる。ただし，彼らのいう戦略はプット・オプションを購入し保有する，いわゆるバイ・アンド・ホールド戦略を対象としている。

　第3章で述べたとおり，今回得た解は，オプションのパラメータが刻々と変化する戦略で，各時点で保有するオプションのパラメータは異なり，リバランスを実施しているものである。なお，El Karoui et al.（2005）はプット・オプションをリバランスしていく特定の戦略について，特定の効用関数のもとでの最適性を示した。また，Cox and Leland（1982, 2000）は，逆に，特定の動的資産配分戦略が効用関数最大化による動的資産配分問題に帰着できるかを議論し，そのための条件を導出した。

本章は,以下,❷ において折れ曲がった効用関数による動的資産配分問題を設定し,❸ において解析的解法を提示する。❹ において数値シミュレーション例を示し,最後に ❺ において,まとめと今後の課題を述べる(Yamashita (2014a),山下(2016)参照)。

 動的資産配分問題の設定

第3章で設定した Merton モデル[1]の発展形であるiiiおよびviを取り上げる。すなわち,相対リスク回避度一定の CRRA 型の効用関数を $U^{STD}(w_t)=(w_t^{1-\gamma}-1)/(1-\gamma)$ として,この効用関数が一部折れ曲がった効用関数を設定する。w_t を時間 t の投資家の資産額とし無リスク資産とリスク資産のいずれかに配分するポートフォリオ X_t で成り立っているとする。φ_t をポートフォリオ中のリスク資産の割合とし,リスク資産の価格 S は,$dS_t=S_t\mu^s dt+S_t\sigma^s dB_t$ の確率過程に従うとする(幾何ブラウン運動)。μ^s,σ^s および r^f は,それぞれドリフト,ボラティリティ,およびリスクフリー金利で,これらは固定値である前提(ブラック=ショールズ型)とする。富過程は以下の確率過程に従う。

$$dX_t=X_t[\varphi_t(\mu^s-r^f)+r^f]dt+\varphi_t X_t\sigma^s dB_t$$

なお,完備な Filtered された確率空間を考えており,リターンは Martingale である。また,dS_t の P 測度に対して,同値 Martingale 測度である Q 測度(リスク中立測度)が存在する。

折れ曲がった関数のイメージ図は**図表4-1**および**図表4-2**である。それぞれ1で述べた,『一定の資産価値を下回ると折れ曲がり値がマイナス無限大になるもの』(その1),『積立不足がなくなる資産価値を超えれば効用がそれ以上増えないような効用関数』(その2)に対応する。M は最低限必要な資産額,L は積立不足がなくなる資産額といえる。

---

1 繰り返しになるが,Merton(1969, 1971, 1973a, 1973b, 1992)参照。

[図表 4-1] 折れ曲がった効用関数（その1）

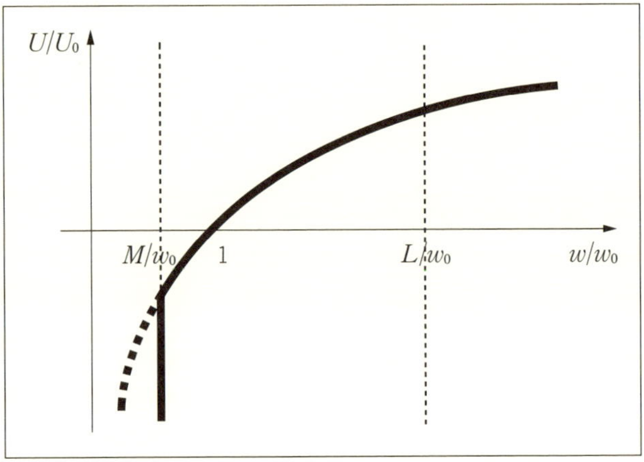

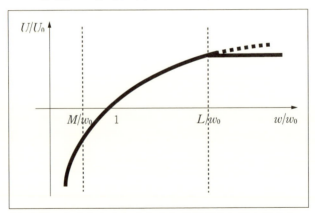

（M で折れ曲がりマイナス無限大となる。w_0, U_0 はそれぞれ資産額，効用を規格化するもの）

[図表 4-2] 折れ曲がった効用関数（その2）

（資産額が L よりも大きくなると効用がそれ以上増えない（効用が L で折れ曲がって横ばいとなる）。w_0, U_0 はそれぞれ資産額，効用を規格化するもの）

　これらの折れ曲がった効用関数を使った資産配分問題を以下のように定式化する。

$$\underset{\varphi_t}{Sup}\, E[U^{M,L}(w_T)]$$

$$U^{M,L}(x) = -\infty \quad (0 < x \leq M)$$
$$= \frac{x^{1-\gamma}-1}{1-\gamma} \quad (M < x < L)$$
$$= U^{M,L}(L) \quad (L \leq x)$$

Subject to : $u(w_T, t) = U^{M,L}(w_T)$ （価値関数を $u(w_t, t)$ と表記した）

なお，上記は便宜的に2つの折れ曲がりを同時に記述しているが，解は一方のみ折れ曲がっている場合の，それぞれを解いていく（第3章の U^M, U^L）。両方の折れ曲がりがある場合の結果は Yamashita (2014a) を参照。

❸ 解　法

3.1 Dual Utility の導入

ここでは簡記のため，富過程の X_t を x，価値関数を $u(x)$ とする。Legendre-Fenchel 変換による，効用関数 $U(x)$ の Dual 効用関数を $\tilde{U}(y)$ とし，$u(x)$ の Dual 価値関数を $\tilde{u}(y)$ とすると，以下のとおりとなる。

$$\tilde{U}(y) = \underset{x}{Sup}[U(x) - xy], y > 0$$
$$\tilde{u}(y) = \underset{x}{Sup}[u(x) - xy], y > 0$$

ここで，Karatzas et al. (1991)，Schachermayer (2001)，Kramkov and Schachermayer (1999)，Boucard et al. (2004)，Westray and Zheng (2009, 2010)，Deelstra et al. (2011) より，価格について dS_t を与えている P 測度に対してその同値 Martingale 測度（Q 測度）が存在する完備市場を考えているなか，x と $\tilde{u}(y)$，$\tilde{U}(y)$ について以下のように記述される（Appendix A および Appendix C 参照）。

$$x = I\left(y\frac{dQ}{dP}\right) \quad (I() = U'^{-1}(), \ ここで\ U'\ は\ \partial_x U)$$

$$\tilde{U}'(y) = -I(y)$$

$$\tilde{u}(y) = E\left[\tilde{U}\left(y\frac{dQ}{dP}\right)\right]$$

すると，$\tilde{u}(y)$ の一階微分について，以下となる。

$$\tilde{u}'(y) = E\left[\tilde{U}'\left(y\frac{dQ}{dP}\right)\frac{dQ}{dP}\right]$$

以上より，

$$\begin{aligned}E_Q[X_T] &= E\left[x\frac{dQ}{dP}\right] \\ &= E\left[I\left(y\frac{dQ}{dP}\right)\frac{dQ}{dP}\right] \\ &= E\left[-\tilde{U}'\left(y\frac{dQ}{dP}\right)\frac{dQ}{dP}\right] \\ &= -\tilde{u}'(y^*)\end{aligned} \quad (4\text{-}1)$$

(y^* は最適解の y を表す)

この過程において，具体的に効用関数 $U^{M,L}$ による価値関数 $U^{M,L}(x)$，その Dual 価値関数 $\tilde{u}^{M,L}(y)$ は以下のとおりで，Karatzas et al. (1991)，Schachermayer (2001)，Kramkov and Schachermayer (1999)，Boucard et al. (2004)，Westray and Zheng (2009, 2010)，Deelstra et al. (2011) における条件を満たす関数形である。

$$\begin{aligned}u^{M,L}(x) &= -\infty \ (\text{if}\ 0 < x \leq M) \\ &= \frac{x^{1-\gamma}}{1-\gamma} \ (\text{if}\ M < x < L) \\ &= \frac{L^{1-\gamma}}{1-\gamma} \ (\text{if}\ L \leq x)\end{aligned}$$

$$\tilde{u}^{M,L}(y) = \frac{L^{1-\gamma}}{1-\gamma} - Ly \ (\text{if}\ 0 < y < L^{-\gamma})$$

$$= \frac{\gamma}{1-\gamma} y^{1-\frac{1}{\gamma}} \ (\text{if } L^{-\gamma} \leq y \leq M^{-\gamma})$$

$$= -\infty \ (\text{if } M^{-\gamma} < y)$$

図表 4-3 に,$u^{M,L}(x)$ と $\tilde{u}^{M,L}(y)$ を図示した。$\tilde{u}^{M,L}(y)$ は $y=L^{-\gamma}$ で一階微分

[図表 4-3] Legendre-Fenchel 変換

≪$u^{M,L}(x)$ の形状のイメージ≫

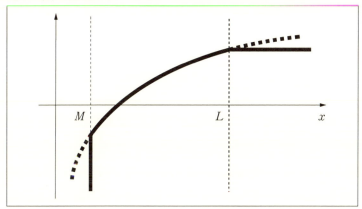

≪$\tilde{u}^{M,L}(y)$ の形状のイメージ≫

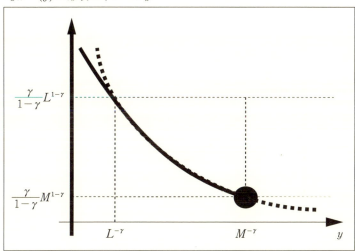

連続である。

式(4-1)における，$E_Q[X_T]$ を表現する $\tilde{u}^{M,L'}(y)$ について，以下を得る。

$$\tilde{u}^{M,L'}(y) = -M \times H[0 \leq y < L^{-\gamma}] - y^{-\frac{1}{\gamma}} \times H[L^{-\gamma} \leq y \leq M^{-\gamma}]$$

（$M^{-\gamma} < y$ には何も存在しない。$H()$ は Step function（階段関数））

最終期末 T における最適解の結果 w_T^{**} は以下となる。

$$w_T^{**} = -\tilde{u}^{M,L'}(y^*)$$
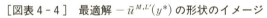
$$= \text{Max}[M, y^{*-\frac{1}{\gamma}} - \text{Max}(y^{*-\frac{1}{\gamma}} - L, 0)] \qquad (4\text{-}2)$$

関数 $-\tilde{u}^{M,L'}(y)$ のイメージ図は図表 4-4 を参照。

3.2 解 析 解

最適戦略による資産額 w_t の最終期末 T での期待値 w_T^{**} は式(4-2)から具体的に Black-Sholes オプション公式を利用した定式化が可能である。すなわち，図表 4-4 からみて，効用関数の折れ曲がりは資産額 w_t の制約に置き換え

［図表 4-4］　最適解 $-\tilde{u}^{M,L'}(y^*)$ の形状のイメージ

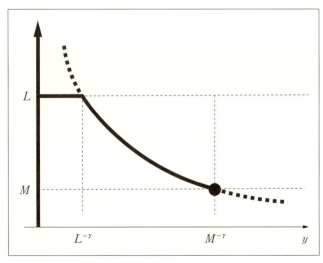

られる。

まず，**図表 4-1** の効用関数の場合 $M \leq w_t$ となる。よって，$E_p[w_T{}^{**}]$ の時間 t での値を $E_p[w_T{}^{**}]_t$ とし，Appendix B にある Merton モデルの最適ポートフォリオを X^{STD} として，

$$E_p[w_T{}^{**}]_t = Sup(X_t^{STD}, Me^{-r^f(T-t)})$$
$$= Me^{-r^f(T-t)} + Sup(X_t^{STD} - Me^{-r^f(T-t)}, 0)$$

$$w_t{}^{**} = \zeta_t \left(X_t^{STD} + Put\left(\frac{M}{\zeta_t}, T-t\right) \right)$$
$$= \zeta_t X_t^{STD} + [-\zeta_t X_t^{STD} N(d_1) + Le^{-r^r(T-t)} N(-d_2)]$$
$$= \zeta_t X_t^{STD} N(d_1) + Le^{-r^r(T-t)} N(-d_2)$$

$$d_1 = \frac{\ln\left(\frac{X_t^{STD}}{Le^{-r^f(T-t)}}\right) + \frac{1}{2}(\sigma^S)^2}{\sigma^S}, \quad d_2 = \frac{\ln\left(\frac{X_t^{STD}}{Le^{-r^f(T-t)}}\right) - \frac{1}{2}(\sigma^S)^2}{\sigma^S}$$

がいえる。

また，**図表 4-2** の効用関数に関して，制約は $w_t \leq L$ となる。よって，

$$E_p[w_T{}^{**}]_t = Inf(X_t^{STD}, Le^{-r^f(T-t)})$$
$$= Le^{-r^f(T-t)} - Sup(-(E_p[w_T]|_t - L), 0)$$

$$w_t{}^{**} = \zeta_t \left(X_t^{STD} - Call\left(\frac{L}{\zeta_t}, T-t\right) \right)$$
$$= \zeta_t X_t^{STD} - [\zeta_t X_t^{STD} N(d_1) - Le^{-r^r(T-t)} N(d_2)]$$
$$= -\zeta_t X_t^{STD} N(-d_1) + Le^{-r^r(T-t)} N(d_2)$$

がいえる。ここで，Put (K，τ) や Call (K，τ) は，それぞれ Black-Scholes モデルによるプット・オプションとコール・オプションの価値を表し，リスク資産である S（確率変数としては X^{STD}）に対する行使価格 K で，残存期間 τ をパラメータとするものである。また，セルフ・ファイナンスを条件としており，どのくらいの量のオプションを買い建て，あるいは売り建てるかのパラメータが決定され ϱ_t と記している。ϱ_t は El Karoui et al. (2005)[2] における λ に相当

している。

 数値シミュレーション

数値シミュレーションでは，全体期間を20年とし，リスク資産のリターンを下記の性質を持つ形で1万回発生させ，1万回の期間20年間の戦略実行の数値実験を行い，**図表4-2**の効用関数から導出される戦略をカバード・コール戦略（以下，「CC戦略」と記す）として[3]，Mertonモデルのリスク資産比率を時間によらず一定比率に維持した戦略（「STD戦略」）との比較を行う。

ここで留意すべきは，STD戦略を行う当事者とCC戦略を行う当事者は異なる効用関数のもと，それぞれが最適な戦略を行っているのであって，優劣を比較するのは不適切であるという点であるが，CC戦略の特徴をみるために参考までに比較する。なお，「どういった効用関数の場合にそれに基づく動的資産配分戦略が長期的な見地で元本を最も成長させるか」という問題については，対数関数が答えであることが知られている[4]。

4.1　前　提

STD戦略の資産運用の目標は，2％で100から増加していく目標額（年金債務額）に対し当初資産額70からスタートして20年後に目標に追いつくこととする（具体的にSTD戦略は3.83％のリターンの獲得を目指すようパラメータを設定）。すると，X_t^{STD}はリスク資産70.9％，無リスク資産29.1％のポートフォリオを表すこととなる。そして，売却するコール・オプションの対象資産はX_t^{STD}ポートフォリオであり，想定元本を ❸ の結果より$\zeta_t X_t^{STD}$とする。詳細は以下のとお

2　また，同論文で議論されている停止時刻も同様に扱うとする。
3　なお，CC戦略に関し，上場または店頭市場で取引されているオプションには限りがあり，実際の運用においては先物等での該当オプションの複製を行っていくことが現実的である。
4　詳しくはHakansson and Ziemba（1995）および，そこで取り上げられている文献などを参照。

りである。

リスク資産：ドリフト年率5％，想定リスク年率20％の幾何ブラウン運動
無リスク資産：期待リターン（リスクフリー金利）年率1％，想定リスクゼロ
STD 戦略：U^{STD} で考えた戦略で $\gamma=1.41$ とする（20年後に目標の額に到達

[図表4-5] 資産額, 年金債務の推移：すべてリスク資産リターン－10％の場合

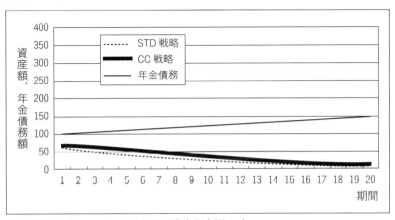

（CC 戦略パフォーマンスは STD 戦略を上回る。）

[図表4-6] 資産額, 年金債務の推移：すべてリスク資産リターン＋10％の場合

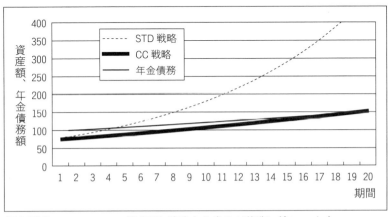

（CC 戦略パフォーマンスは STD 戦略より劣るが債務に追いつく。）

するのに必要なリターンからリスク資産の割合を決め，Mertonモデルの解から逆算して決定）

CC戦略：U^Lで考えた戦略

w_t：資産額，当初　70

L_t：目標額（年金債務），当初　100。予定利率2％で増加していく前提

期間：20年

ここでCC戦略がどんな戦略となるなのかをわかりやすく見るため，図表4-5および図表4-6において，それぞれ毎年リスク資産のリターンがすべてマ

[図表4-7] すべてリスク資産のリターンが−10

	期初						
$T-t$	L_t	w_t	η	$\zeta=1+\eta$ ζ	X_t ζw_t	Call	時価 MV
20	100.0	70.0	0.60	1.596	111.7	41.7	70.0
19	102.0	68.3	0.43	1.43	97.7	29.4	68.3
18	104.0	66.1	0.30	1.304	86.1	20.1	66.1
17	106.1	63.2	0.21	1.209	76.4	13.2	63.2
16	108.2	59.9	0.14	1.138	68.1	8.3	59.9
15	110.4	56.1	0.09	1.087	61.0	4.8	56.1
14	112.6	52.0	0.05	1.05	54.6	2.6	52.0
13	114.9	47.8	0.03	1.027	49.1	1.3	47.8
12	117.2	43.6	0.01	1.013	44.1	0.5	43.6
11	119.5	39.5	0.01	1.005	39.7	0.2	39.5
10	121.9	35.6	0.00	1.002	35.7	0.1	35.6
9	124.3	32.1	0.00	1.001	32.1	0.0	32.1
8	126.8	28.9	0.00	1.001	28.9	0.0	28.9
7	129.4	26.0	0.00	1.001	26.0	0.0	26.0
6	131.9	23.4	0.00	1.001	23.4	0.0	23.4
5	134.6	21.1	0.00	1.001	21.1	0.0	21.1
4	137.3	18.9	0.00	1.001	19.0	0.0	19.0
3	140.0	17.1	0.00	1.001	17.1	0.0	17.1
2	142.8	15.3	0.00	1.001	15.4	0.0	15.4
1	145.7	13.8	0.00	1.001	13.8	0.0	13.8
0	148.6						

第4章　折れ曲がり効用関数による動的資産配分問題の最適解　51

イナス10％，あるいは，プラス10％のリターンであった場合の資産額の推移をそれぞれ示した。**図表4-7**および**図表4-8**では $\xi_t = 1 + \eta_t$ としており，$\eta_t/(1+\eta_t)$ を計算すると想定元本に対してオプションのプレミアムがどのくらいの割合を示すものとなる。

たとえば，$t=0$ における投資行動は所定の ξ_t の計算により，L0/1.596＝63をストライク・プライスとする価格70の時点の期間20年のコール・オプション（プレミアムは0.556÷1.596＝38％）を想定元本70×1.596＝111.7で売却する。70の当初資金とコール・オプションの売却によりプレミアム41.7が手元に入るため，111.7の資金をMertonモデルで求められた割合での運用，すなわち「リスク資

％の場合のモンテカルロシミュレーション詳細

期末							
カバードコール(CC)戦略			収益	リターン	標準(STD)戦略		
X_t	Call	MV	$R(w_t)$	$r(w_t)$	MV	$Rn(w_t)$	$rn(w_t)$
100.5	32.2	68.3	−1.7	−2.4％	63.0	−7.0	−10.0％
87.9	21.9	66.1	−2.3	−3.3％	56.7	−6.3	−10.0％
77.5	14.3	63.2	−2.8	−4.3％	51.0	−5.7	−10.0％
68.8	8.9	59.9	−3.4	−5.3％	45.9	−5.1	−10.0％
61.3	5.2	56.1	−3.8	−6.3％	41.3	−4.6	−10.0％
54.9	2.8	52.0	−4.1	−7.3％	37.2	−4.1	−10.0％
49.2	1.4	47.8	−4.2	−8.1％	33.5	−3.7	−10.0％
44.2	0.6	43.6	−4.2	−8.9％	30.1	−3.3	−10.0％
39.7	0.2	39.5	−4.1	−9.4％	27.1	−3.0	−10.0％
35.7	0.1	35.6	−3.8	−9.7％	24.4	−2.7	−10.0％
32.1	0.0	32.1	−3.5	−9.9％	22.0	−2.4	−10.0％
28.9	0.0	28.9	−3.2	−10.0％	19.8	−2.2	−10.0％
26.0	0.0	26.0	−2.9	−10.0％	17.8	−2.0	−10.0％
23.4	0.0	23.4	−2.6	−10.0％	16.0	−1.8	−10.0％
21.1	0.0	21.1	−2.3	−10.0％	14.4	−1.6	−10.0％
19.0	0.0	18.9	−2.1	−10.0％	13.0	1.4	−10.0％
17.1	0.0	17.1	−1.9	−10.0％	11.7	−1.3	−10.0％
15.4	0.0	15.3	−1.7	−10.0％	10.5	−1.2	−10.0％
13.8	0.0	13.8	−1.5	−10.0％	9.5	−1.1	−10.0％
12.4	0.0	12.4	−1.4	−10.0％	8.5	−0.9	−10.0％

産70.9％＋無リスク資産29.1％による運用」を行う。積立不足にあって，いわば資金をレバレッジをかけて運用することとなる（この時点での資産時価は資金の時価111.7－コール・オプションの買戻しコスト41.7＝70である）。

　$t=1$ でその結果がどうなったかで，$t=1$ にあたり期初の新たな資産時価が決まり，オプションのスペックが決まっていく。これを繰り返していくような多期間戦略シミュレーションである。

　リスク資産のリターンがすべてマイナス10％の例によると，CC戦略は，コール・オプションの売却によりレバレッジをかけてリスク資産に投資していくなか，コール・オプションのプレミアム獲得の効果で，資産額が目標額に近づい

［図表4-8］　すべてリスク資産のリターンが＋10

$T-t$	期初						
	L_t	w_t	η	$\zeta=1+\eta$ ζ	X_t ζw_t	Call	時価 MV
20	100.0	70.0	*0.60*	1.596	111.7	41.7	70.0
19	102.0	73.1	*0.61*	1.606	117.4	44.3	73.1
18	104.0	76.3	*0.61*	1.613	123.0	46.8	76.3
17	106.1	79.5	*0.62*	1.616	128.4	49.0	79.5
16	108.2	82.7	*0.62*	1.615	133.6	50.9	82.7
15	110.4	86.0	*0.61*	1.611	138.6	52.5	86.0
14	112.6	89.3	*0.60*	1.602	143.1	53.8	89.3
13	114.9	92.7	*0.59*	1.589	147.3	54.6	92.7
12	117.2	96.1	*0.57*	1.571	151.0	54.9	96.1
11	119.5	99.7	*0.55*	1.551	154.6	54.9	99.7
10	121.9	103.2	*0.53*	1.526	157.5	54.3	103.2
9	124.3	106.9	*0.50*	1.497	160.0	53.1	106.9
8	126.8	110.7	*0.47*	1.466	162.2	51.6	110.7
7	129.4	114.5	*0.43*	1.431	163.9	49.3	114.5
6	131.9	118.5	*0.39*	1.393	165.1	46.6	118.5
5	134.6	122.6	*0.35*	1.351	165.7	43.0	122.6
4	137.3	126.9	*0.31*	1.306	165.8	38.8	126.9
3	140.0	131.4	*0.26*	1.256	165.0	33.6	131.4
2	142.8	136.1	*0.20*	1.197	162.9	26.8	136.1
1.00001	145.7	141.0	*0.12*	1.124	158.4	17.5	141.0
0	148.6						

ていく．

　一方，リスク資産のリターンがすべてプラス10％の例の場合，CC戦略は上昇局面ではリスク資産をもつのみのSTD戦略のリターンには見劣りしてしまう．しかし，最終的に目標額のレベルには少なくとも収束していくような結果である．

　一般に積立不足にあって積立水準が悪化すれば，ζ_t は比較的大きくなり，より多くのコール・オプションを売却しようとし，それによっていわばレバレッジをかけてリスク資産を含んだ資産により多く投資しようとする（ただし，こうしたリスク資産を保有しつつコール・オプションを売却するカバード・コール戦略が

％の場合のモンテカルロシミュレーション詳細

期末							
カバードコール(CC)戦略		時価	収益	リターン	標準(STD)戦略		
X_t	Call	MV	$R(w_t)$	$r(w_t)$	MV	$Rn(w_t)$	$rn(w_t)$
122.9	49.8	73.1	3.1	4.5%	77.0	7.0	10.0%
129.2	52.9	76.3	3.2	4.3%	84.7	7.7	10.0%
135.4	55.9	79.5	3.2	4.2%	93.2	8.5	10.0%
141.3	58.6	82.7	3.2	4.1%	102.5	9.3	10.0%
147.0	61.0	86.0	3.3	4.0%	112.7	10.2	10.0%
152.4	63.1	89.3	3.3	3.9%	124.0	11.3	10.0%
157.4	64.7	92.7	3.4	3.8%	136.4	12.4	10.0%
162.0	65.9	96.1	3.4	3.7%	150.1	13.6	10.0%
166.2	66.5	99.7	3.5	3.6%	165.1	15.0	10.0%
170.0	66.8	103.2	3.6	3.6%	181.6	16.5	10.0%
173.3	66.4	106.9	3.7	3.5%	199.7	18.2	10.0%
176.0	65.4	110.7	3.8	3.5%	219.7	20.0	10.0%
178.4	63.9	114.5	3.9	3.5%	241.7	22.0	10.0%
180.3	61.7	118.5	4.0	3.5%	265.8	24.2	10.0%
181.6	58.9	122.6	4.1	3.5%	292.4	26.6	10.0%
182.3	55.3	126.9	4.3	3.5%	321.6	29.2	10.0%
182.4	50.9	131.4	4.5	3.5%	353.8	32.2	10.0%
181.5	45.5	136.1	4.7	3.5%	389.2	35.4	10.0%
179.2	38.2	141.0	4.9	3.6%	428.1	38.9	10.0%
174.3	28.6	145.7	4.7	3.3%	470.9	42.8	10.0%

功を奏すか否かは実際のリターンによる)。

4.2 CC 戦略と STD 戦略

繰り返しになるが,STD 戦略を行う当事者と CC 戦略を行う当事者は異なる効用関数のもと,それぞれが最適な戦略を行っているのであって,優劣を比較するのは不適切であるが,CC 戦略の特徴をみるために参考までに比較する。

① モンテカルロシミュレーションでのリターン

図表 4-9 は 1 万回の数値実験について,横軸に STD 戦略リターン,縦軸に CC 戦略リターンをとり,1 万個のそれぞれの全期間 (20年) 通期の年率リターンのペアを点で図示したものである。

図表 4-9 では,効用関数が折れ曲がっていない場合の STD 戦略と,効用関

[図表 4-9] CC 戦略と STD 戦略

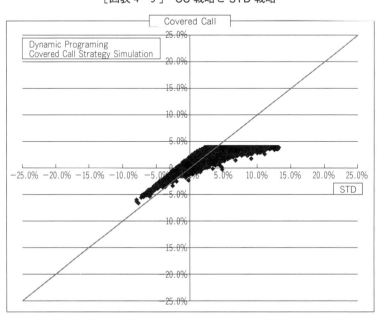

[図表 4-10] CC 戦略と STD 戦略

≪5年後まで≫

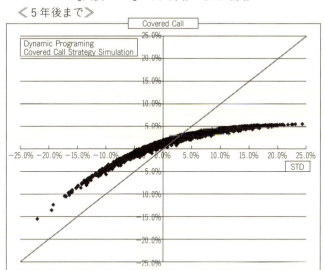

≪10年後まで≫

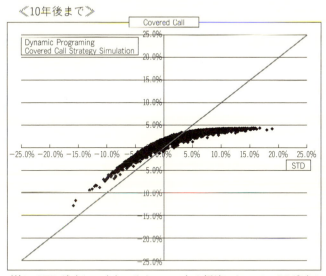

(特に STD 戦略がマイナスリターンである領域において，CC 戦略が優れている点は全期間20年間の場合と同様である。期間が長くなるにつれ，コール売却戦略のペイオフ形状に近づく。)

数が折れ曲がっている場合のCC戦略の，期間中のリターンを比較している。CC戦略は積立水準70％から開始して，最終的に積立比率100％となることを目的としているので，リターンは3.83％の水準で頭打ち傾向となる[5]。ここでのパラメータ設定によるシミュレーションでは，コール・オプションを売却するCC戦略がコール・オプション売却をしない戦略であるSTD戦略よりもリターンが高くなる確率は47％で大きな差はないが（なお，この差はパラメータ設定で傾向が変わってくるので後述を参照），CC戦略はSTD戦略の最終結果が下落の場合にリターン上乗せ効果が顕著にある。

また，参考までに期間20年の途中である，5年後までのリターン，10年後までのリターンの比較で見てみる（**図表4-10**参照。5年，10年との時期は例示のために取り上げたもの）。

② モンテカルロシミュレーションでのリターンの分布

図表4-11はモンテカルロシミュレーションから得られたリターンの分布を比較したものである。

例としてここでは当初5年間を図示しているが，傾向は他の期間までであっても同様であった。

2つの戦略の分布の平均値はほぼ同じであるが，CC戦略は，STD戦略に比して，カバード・コールのイメージどおり，極端に高いリターンの分布が少ないものの平均値よりも少し大きなリターンの分布が厚くなっている。そして，平均より劣るリターンの確率も低くなっている。ただし後述のとおり，これらの特徴はパラメータ設定に依存する。

---

5 既述のとおり，3.83％のリターン水準は，積立比率70％から開始して，年率2％で増加する目標額に最終的に20年後に追いつくために必要なリターンである。

[図表 4 -11] SS 戦略と STD 戦略の開始 5 年間のリターン（年率）の分布

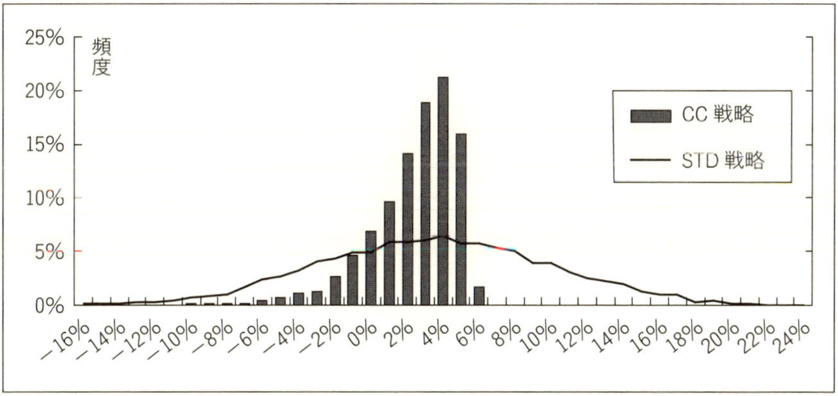

③ ボラティリティの分布

2つの戦略のシミュレーションのボラティリティの分布の比較を**図表4-12**にて行った。例として当初5年間を図示しているが，傾向は他の期間であっても同様であった。一般にCC戦略はボラティリティが低い傾向にある。

まとめると，CC戦略の顕著な特徴は以下のとおり3つある。

- STD戦略に比して，特に最終リターンがマイナスであるような事態において，CC戦略は相対的に高い最終リターンとなっているという意味において一定の利点がある。
- モンテカルロシミュレーションの20年間通期のリターンの分布においては，2つの戦略の平均リターンに大差はないが，CC戦略は極端に高いリターンと平均よりも劣るリターンが少なくなり，平均を少し上回るリターンの分布が厚くなっている。
- CC戦略では20年間の年ごとのリターンのボラティリティの分布の広がりが一般に抑えられる。

［図表 4-12］ CC 戦略と STD 戦略の開始 5 年間のボラティリティの分布

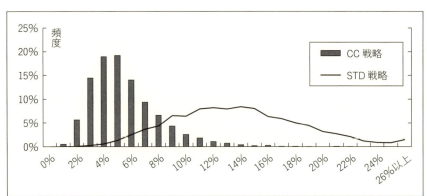

④ パラメータ比較

ボラティリティが上昇した場合や期待リターンが上昇した場合等に，CC 戦略の特徴がどう変化するか調べた。シミュレーション実施のパラメータ数値は，図表 4-13 上段のとおりであった。標準をケース 1 として，ケース 2 ～ケース 5 について，CC 戦略と STD 戦略のリターンの分布比較図は下段のとおりである。

まとめると，リスク資産のリターンやボラティリティのパラメータ設定を変更した場合，以下のことが判明した（STD 戦略との比較，図表 4-13 参照）。

- ボラティリティが低下するとオプション・プレミアムが小さくなり，CC 戦略の妙味が減じる。
- ボラティリティが増加するとオプション・プレミアムが大きくなり，CC 戦略の妙味が増加する。
- リターンが減少した場合は，リスク資産の組み入れが増え（今回のケースではレバレッジをかける），ポートフォリオのボラティリティが大きくなり，上記のとおり CC 戦略の妙味が増す。
- リターンが増加した場合は，リスク資産の組み入れが減り，ポートフォリオのボラティリティが小さくなり，上記のとおり CC 戦略の妙味が減る。

第4章 折れ曲がり効用関数による動的資産配分問題の最適解

[図表4-13] シミュレーションのパラメータとパラメータを変化させた場合

《パラメータ一覧》

	ケース2	ケース1	ケース3	ケース4	ケース1	ケース5
パラメータ						
当初年金債務 L_0	100	100	100	100	100	100
当初年金資産 w_0	70	70	70	70	70	70
年金債務増加率	2%	2%	2%	2%	2%	2%
リスクフリー金利	1%	1%	1%	1%	1%	1%
効用関数の γ	5.650	1.411	0.627	0.353	1.6	3.170
リスク資産期待リターン μ	5%	5%	5%	3%	5%	7%
リスク資産想定リスク σ	10%	20%	30%	20%	20%	20%
リスク資産シャープレシオ	0.40	0.20	0.13	0.10	0.20	0.30
期間（年）	20	20	20	20	20	20
パラメータから計算される運用の特徴						
リスク資産組入比率	71%	70.9%	71%	142%	63%	47%
ポートフォリオの期待リターン	3.8%	3.8%	3.8%	3.8%	3.5%	3.8%
ポートフォリオの想定リスク	7.1%	14.2%	21.3%	28.3%	12.5%	9.5%
ポートフォリオ期待シャープレシオ	0.40	0.20	0.13	0.10	0.20	0.30
当初積立比率	70%	70%	70%	70%	70%	70%
債務最終期末値	149	149	149	149	149	149
初期積立比率から必要なリターン	3.8%	3.8%	3.8%	3.8%	3.8%	3.8%
シミュレーション結果						
リターンの勝る割合（CC戦略＞STD戦略）	19.3%	46.5%	58.9%	67.5%	46.5%	30.3%

《パラメータをケース2～ケース5で変化させた場合》

（ケース2）

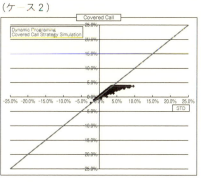

（ケース3）

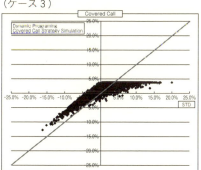

（ケース4）

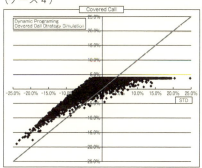

（ケース5）

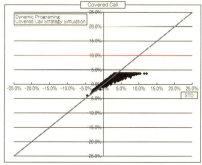

オプション戦略の最適性の議論との関連について

　本章では、『一般的なCRRA効用関数が一定の資産価値を下回ると折れ曲がり値がマイナス無限大になるもの』や、『積立不足がなくなる資産価値を超えれば効用がそれ以上増えないような効用関数』を使った場合の解析解を導いたが、結論は、それぞれ、プロテクティブ・プット戦略やカバード・コール戦略に類似した戦略となった。類似と記述したのは、時間によりストライク・プライスなどが変化する動的なオプションの戦略であるためである。当初に一定の条件のオプションを購入して以後保有するのではなく、常に新しい条件に変更されたオプションにリバランスする行動をとることとなる。この点、従来、主として議論されてきたバイ・アンド・ホールド型のオプション戦略と異なる。

　具体的にバイ・アンド・ホールド型の戦略の検討である Brennan and Solanki (1981) を見てみよう。リスク資産の特性や問題設定は今回検討した効用関数を利用した問題設定に同じである。プット・オプションを保有する戦略の最終期末 T でのペイオフを G (ポートフォリオの価値 X の関数) とすると以下となる。

$$G(X_T) = M (X^{STD}_T \leq M)$$

$$G(X_T) = X^{STD}_T (M \leq X^{STD}_T)$$

$$U'(M) = K(X^{STD}_T)^{-\frac{a}{(\sigma^S)^2}} (X^{STD}_T \leq M)$$

$$U'(X^{STD}_T) = K(X^{STD}_T)^{-\frac{a}{(\sigma^S)^2}} (M \leq X^{STD}_T)$$

$$K = (\lambda e^{-\frac{r(\sigma^S)^2 + a(a - 2\mu^S)/2}{(\sigma^S)^2} T}) \times (X^{STD}_{t=0})^{\frac{a}{(\sigma^S)^2}}$$

$$a = \mu^S + (\sigma^2)^2/2 - r^f$$

λ：セルフ・ファイナンスの条件できまるスカラー量

　これらから、結局、$a=0$ となり、リスク資産のリスクプレミアムはゼロであるような特殊なパラメータ間の関係を必要とする。そして効用関数は直線形状となることを意味している。図表4-14は効用関数のイメージ図をCRRA型効

[図表4-14] Brennan and Solanki の効用関数

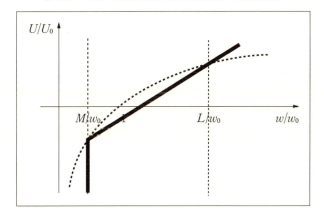

用関数を破線で示して重ねている。この差がバイ・アンド・ホールド型の戦略と動的資産配分の戦略とを生み出す差異となっている。

なお，参考までに，Benninga and Blume (1985) では，プット・オプションを原資産の保有とともに保有することを最適とする効用関数を，上述と同様の問題設定のなかで検証し，CRRA 効用関数のリスク回避度パラメータ γ が時間依存する，以下の条件を導いているが，これもパラメータ間に特殊な関係を要求するものである。

$$\gamma_t = \frac{1}{1+e^{-r_f t}\frac{M \times N(\sigma^s \sqrt{t} - r_f \sqrt{t}/\sigma^s - \ln[X^{STD}_t/M]/[\sigma^s \sqrt{t}])}{X^{STD}_t \times N(\sigma^s \sqrt{t} + r_f \sqrt{t}/\sigma^s + \ln[X^{STD}_t/M]/[\sigma^s \sqrt{t}])}}$$

❻ まとめと今後の課題

折れ曲がりのある効用関数を用いて多期間の最適な資産配分問題を解くにあたり，通常の HJB 方程式により解くことが容易でないなか，Legendre-Fenchel 変換による Dual 効用関数を利用することで解析解を導出した。具体的には，一般的な CRRA 効用関数が一定の資産価値を下回ると折れ曲がり，値がマ

イナス無限大になるものおよび，積立不足が解消すれば資産価値がそれ以上増えても効用がそれ以上増えないような効用関数を用いた結果，それぞれプロテクティブ・プットやカバード・コールに類似した解が得られた。

類似とした理由は，時間によりストライク・プライスなどが変化するオプション戦略であることによる。当初に一定の条件のオプションを購入して以後保有するのではなく，常に新しい条件に変更されたオプションにリバランスする行動をとるわけである。この点で従来，主として検討されてきたバイ・アンド・ホールド型のオプション戦略とは異なる。

今後の課題として，折れ曲がりにとどまらず一般に滑らかでないような効用関数や凹型でない効用関数などを扱っていくには，一般には既述した確率微分方程式の粘性解などの考察も必要となるため，こうした考察を進めていくことがある。また，ここで扱ったHJB方程式からBSDEなどへの拡張も検討に値する[6]。

[Appendix A]

前記3.1を補足する。$\tilde{U}(y)$の定義である$\tilde{U}(y) = \underset{x}{Sup}[U(y) - xy]$より，$Sup$は$x = -U'^{-1}(y)$にて実現し，$I() = U'^{-1}()$と合わせ$\tilde{U}(y) = U(I(y)) - yI(y)$が言えるので，

$$\tilde{U}'(y) = U'(U'^{-1}(y))I'(y) - (yI'(y) + I(y))$$
$$= yI'(y) - yI'(y) - I(y) = -I(y)$$

となる。

最終的に$w_t^{**} = \tilde{u}'(y^*)$（$y^*$は最適解の$y$）となるなか，具体的に$-\tilde{u}^{M,L'}()$の関数形をみると，資産が$L$以上大きくなって効用関数が横ばいとなるところ（$y$が$L^{-\gamma}$以下の部分）での振舞いが，Dual効用関数を導入することで明確となって

---

[6] El Karoui et al. (1997), Pham (2005, 2010), Sass (2006), Ndounkew (2010), Sekine (2011)などで議論されている。

いる。

[Appendix B]

Mertonモデルに関し，具体的に価値関数を $V(w,t)$ とし，最適解の資産配分 φ_t や資産額 w_t^* を提示する。第2章にて記述したとおり，解法として，ダイナミックプログラミング法(リスク資産の変動がマルコフ過程の前提)と Martingale 法がある。

<ダイナミックプログラミング法>

一般に，期中の消費 C_t にかかる期待効用(効用関数 U^c)と最終期末での資産額 w_T にかかる期待効用(効用関数 U^{STD})の合計を最大にする戦略を求めるとする。δ を時間選好の割引率として，価値関数 $V(w,t)$ は以下となる。

$$V(w,t) = \mathop{Sup}_{\varphi_t} E\left[\int_t^T e^{-\delta(s-t)} U^c(C_s) ds + e^{-\delta(T-t)} U^{STD}(w_T)\right]$$

以下，消費がない場合を考える。ダイナミックプログラミングの原理より，

$$V(w_t,t) = \mathop{Sup}_{\varphi_t} e^{-\delta \Delta t} E[V(w_{t+\Delta t}, t+\Delta t)]$$

がいえ，変形すると以下が導かれる。

$$\frac{e^{\delta \Delta t}-1}{\Delta t} V(w_t,t) = \mathop{Sup}_{\varphi_t} \frac{1}{\Delta t} E[V(w_{t+\Delta t}, t+\Delta t) - V(w_t,t)]$$

ここで伊藤の Lemma と $\Delta t \to 0$ から，$\delta \to 0$ の場合は，

$$\delta V(w,t) = V_t + r^f w_t V_w$$
$$+ Sup\left[w_t V_w \varphi_t (\mu^S - r^f) + \frac{1}{2} V_{ww} w_t^2 \varphi_t (\sigma^S)^2\right] = 0$$

(t=T において $V(w_T, T) = w_T$)

となり，最適解を実現する φ_t については，

$$V_t + r^f w_t V_w + w_t V_w \varphi_t (\mu^s - r^f) + \frac{1}{2} V_{ww} w_t^2 \varphi_t (\sigma^s)^2 = 0$$

に関する φ_t についての一階の条件より,以下を得る。

$$\varphi_t = \frac{(\mu^s - r^f)/(\sigma^s)^2}{\gamma}$$

時間によらず,常に一定割合のリスク資産を持っている解が得られた。

<Martingale 法>

Black=Sholes の前提が満たされている,リスク資産価格について dS_t を与えている P 測度に対して,その同値 Martingale 測度(Q 測度,リスク中立測度)が存在する完備市場[7]を考える。

以下の最適問題について,ラグラジアン方程式で解く。

$$\underset{\varphi_t}{Sup}\, E_P[U^{STD}(w_T)]$$

Subject to : $V(w_0, 0) = e^{-r^f T} E_Q[w_T]$
P : 市場観測測度,Q : リスク中立測度

$$L = E_P[U^{STD}(w_T)] - \lambda(e^{-r^f T} E_Q[w_T] - V(w_0, 0))$$

Radon-Nikodym derivative の密度関数[8]を g_t として,

$$\arg\, \underset{w}{Sup}\left(\frac{\partial}{\partial w} U^{STD}(w)|_t\right) = \lambda \cdot g_t$$

Merton モデルの効用関数から,最適な戦略における w_T^* は以下となる。

$$w_T^* = \left[\frac{\partial}{\partial w} U^{STD}\right]^{-1}(\lambda g_t)|_{t=T} = (\lambda g_t)^{-\frac{1}{\gamma}}|_{t=T}$$

7　その場合,リスク資産の価格は,$dS_t = S_t r^f dt + S_t \sigma^s d\hat{B}$($\hat{B}$ は $\theta = (\mu^s - r^f)/\sigma^s$ により $d\hat{B} = dB + \theta dt$)とできる。

8　その場合,State-Price Deflator を ζ_t として,
　　$g_t|_{t=T} = \frac{dQ}{dP} = e^{r^f T}\zeta_t$,$g_t = \frac{dQ}{dP}|_t = e^{r^f t}\zeta_t$。
また,w_t^* について,$w_t^* = E[\zeta_T w_T^*]/\zeta_t$ がいえる。

(なお，$\lambda = [w_0 e^{r^f T}]^{-\gamma} E_P[(g_t)^{-\frac{1-\gamma}{\gamma}}]^{\gamma}|_{t=T}$)

また，g についてリスク資産価格 S で表記すると以下となる。

$$g(S) = \left[e^{-\frac{1}{2}\left(\frac{\mu^S - r^f}{\sigma^S}\right)^2 T + \frac{\mu^S - r^f}{(\sigma^S)^2}\left(\mu^S - \frac{1}{2}(\sigma^S)^2\right)T}\right]\left(\frac{S_0}{S}\right)^{\frac{\mu^S - r^f}{(\sigma^S)^2}}$$

$S_0 = S_{t=0}$（定数）

w_T^* の期待値は，リスク資産価格 S_t の T における期待値 S_T^* を使って記述すると以下のとおりとなる[9]。

$$w_T^* \text{ の期待値} = e^{[1-\varphi]\cdot\left(r^f + \frac{1}{2}\varphi(\sigma^S)^2\right)T} w_0 \left(\frac{S_T^*}{S_0}\right)^{\varphi}$$

（以上，Merton (1969，1971，1973a，1973b，1992)，Cox and Huang (1987)，Carr and Madan (2001)，Duffie, D. (1996)，Prigent et al. (2006)，Munk (2010) 参照）

[Appendix C]

Merton モデルに関し，Dual 効用関数を利用し HJB 方程式を考察すると以下となる。効用関数を U^{STD}，価値関数を V^{STD} と表記する。また，簡記するため $r^f = 0$ とする。

まず，V^{STD} に対する HJB 方程式は，

$$V^{STD}_t + \sup_{\varphi_t}\left[\varphi_t \mu^S x V^{STD}_x + \frac{1}{2}(\varphi_t \mu^S x)^2 V^{STD}_{xx}\right] = 0$$

（t=T にて $V^{STD}(w_T, T) = U^{STD}(w_T)$）

であるから，以下が導かれる。

$$V^{STD}_t - \frac{1}{2}\frac{(\mu^S)^2 (V^{STD}_x)^2}{(\sigma^S)^2 V^{STD}_{xx}} = 0$$

---

[9] φ_t については次のとおり。Martingale 表現定理よりあるプロセス η_t が存在し，$\zeta_t w_t^* = V(w_0, 0) + \int_0^t \eta_s dB_s$ がいえる。また，$d(\zeta_t w_t)$ の展開より $\zeta_t w_t = V(w_0, 0) + \int_0^t \zeta_s w_s(\varphi_t \sigma^S - \theta) dB_s$ であるから，φ_t は，$\varphi_t = (\eta_t/(\zeta_t w_t^*) + \theta)/\sigma^S$ と表される（具体的にはダイナミックプログラミング法の場合の解と一致する）。

一方，Dual 効用関数の価値関数 $\tilde{V}^{STD}$ については，$\tilde{V}^{STD}(y) = \underset{x}{Sup}[U^{STD}(x) - xy](y>0)$ より，

$$\tilde{V}^{STD}{}_t + \frac{1}{2}\frac{(\mu^S)^2 \tilde{V}^{STD}{}_{yy}}{(\sigma^S)^2} = 0$$

(t=T にて $\tilde{V}^{STD}(w_T, T) = \tilde{U}^{STD}(w_T)$，$\tilde{U}^{STD}$ は U^{STD} の Dual 効用関数)

となり，簡単な構造となる。

そして，Feynman-Kac の公式が適用できることから，

$$\tilde{V}^{STD}(y) = E[\tilde{U}^{STD}(yY_T)]$$

$$\frac{dY_s}{Y_s} = -\frac{\mu^S}{\sigma^S} dB_s$$

なる Y_s が存在する。この Y_s はここでの Radon-Nikodym derivative の密度関数にほかならない。

よって，以下がいえる。

$$\tilde{u}^{STD}(y) - E\left[\tilde{U}^{STD}\left(y\frac{dQ}{dP}\right)\right]$$

一方，Rockafellar (1970) より，

$$U^{STD}(x) = \underset{y}{Inf}[\tilde{U}^{STD}(y) + xy]$$

がいえるので，

$$V^{STD}(x) = \underset{y}{Inf}\, E\left[\tilde{U}^{STD}\left(y\frac{dQ}{dP}\right) + xy\right]$$

Inf の部分は，

$$\frac{dQ}{dP}\tilde{U}^{STD'}\left(y\frac{dQ}{dP}\right) + x = 0$$

の時であり，

$$V^{STD}(x) = E\left[\tilde{U}^{STD}\left(y\frac{dQ}{dP}\right) - y\frac{dQ}{dP}\tilde{U}^{STD'}\left(y\frac{dQ}{dP}\right)\right]$$

ここで，Merton モデルの効用関数において，

$$-\tilde{U}^{STD'-1}() = U^{STD'}() \text{ および } -\tilde{U}^{STD'}() = U^{STD'-1}()$$
$$I^{STD} = U^{STD'-1}() \text{ として } \tilde{U}^{STD'}(y) = U^{STD}(I^{STD}(y)) - yI^{STD}(y)$$

がいえるので，

$$V^{STD}(x) = E\left[\tilde{U}^{STD}\left(y\frac{dQ}{dP}\right) + y\frac{dQ}{dP}I^{STD}\left(y\frac{dQ}{dP}\right)\right]$$
$$= E\left[U^{STD}\left(I^{STD}\left(y\frac{dQ}{dP}\right)\right)\right]$$

よって，

$$x = I^{STD}\left(y\frac{dQ}{dP}\right)$$

がいえる（以上，Pham（2010）参照）。

第5章

動的資産配分問題の新潮流

> **Summary** Mertonモデルの多様化に関しての新潮流と行動ファイナンスとの関連例を述べた。そして,リスクをどう捉えているかというリスク測度が動的資産配分戦略において重要な概念となることを整理した。

1 イントロダクション

これまで,Mertonモデルの目的関数を発展させた応用として,折れ曲がりのある効用関数に基づく最適な動的資産運用の解を求めることで,現在の日本におけるDBの資産運用の新しい運用フレームワークを期待効用最大化の観点から正当化できることを示し,効用関数の折れ曲がりを想定することによって,特定な状況(下値リスク回避,積立不足への対応)を表し得るモデル化を行い,その解析解[1]を得た。ここでは目的関数を発展させたその他の事例等と,行動ファイナンスとの関連を述べる。

本章は以下,2 にて目的関数としての効用関数の設定の意義を論じ,3 にて新潮流として目的関数を発展させたその他の事例等に触れ,4 において,行動ファイナンスを論じる。最後 5 にてまとめと課題を述べる。

---

1 当該解は最初に Yamashita(2010)で発表した。

効用関数の設定の意義

　CRRA 型効用関数を使った最適化問題（期末時価に対応する効用の最大化）を考えた場合，リスク制約の元の最大化問題ととらえると，当該リスクをどうとらえていることになるのかについて，効用関数の設定の意義として論じる。

　Merton (1971) では $\underset{\varphi_t}{Sup} E[U^{STD}(w_T)]$ を目的関数としてリスク資産割合（戦略）の最適解 φ_t を求めている（$U^{STD}(x)=\log x$, $\dfrac{x^{1-\gamma}-1}{1-\gamma}$, $\dfrac{x^{1-\gamma}}{1-\gamma}$ の CRRA 型として，リスク資産割合が一定となる戦略を導出した）。

　一方，$\partial_x U^{STD}(x_0)>0$, $\partial_{xx} U^{STD}(x_0)<0$, $\dfrac{\partial_x U^{STD}(x_0)}{\partial_{xx} U^{STD}(x_0) x_0}=\dfrac{1}{\gamma}$ より，$\varDelta x \approx N(0, \sqrt{Var(\varDelta x)})$ として，

$$E[U^{STD}(x_0+\varDelta x)] \approx E\left[U^{STD}(x_0)+\partial_x U^{STD}(x_0)\varDelta x+\frac{1}{2}\partial_{xx} U^{STD}(x_0)(\varDelta x)^2\right]$$

$$= U^{STD}(x_0)-\frac{1}{2}(-\partial_{xx} U^{STD}(x_0)E[(\varDelta x)^2])$$

（$E[\varDelta x]=0$ より）

$$= U^{STD}(x_0)-\frac{1}{2\gamma}(\partial_x U^{STD}(x_0)/x_0)\times Var[\varDelta x]$$

より，Mean-Variance 型の最適問題（リスクは Variance で把握）と考えることができる。

　なお，Yamashita (2014a) での折れ曲がり関数も本質は同等である。折れ曲がりは，最低限の資産よりも下がらない，あるいは，積立水準よりも大きい資産額を目指さない（資産が負債額を超えない）という点で，オプションのポジションでリスクを抑制する形である。また，Hojgaard and Vigna (2007) などは，Mean-Variance の考え方を直接的に，目的関数 $\underset{\varphi_t(w_t)}{Sup}(E[w_T]-\alpha Var[w_T])$ でリスクを明確に捉え，最終期末時価 w_T を最大化するだけではなく，リスクを $Var[w_T]$ として最適解を求めている（Appnedix D 参照）。

　一方，Seck et al. (2012)，Geissel et al. (2015) などでは，下記のとおり，

リスク測度（Risk Measure）で制約条件を付した効用関数最大化の観点で記述した。

たとえば L を Loss（損失，大きさ）として，効用を

$$\mathop{Inf}_{\eta \in R} E[(L-\eta)^2]$$

を考えたとき，$\eta = E[L]$ で実現し，これを効用に代入すると，効用は分散，すなわち Variance を最小化することとなる。

また同様に，

$$\mathop{Inf}_{\eta \in R}\left[\eta + \frac{1}{1-p}E[(L-\eta)_+]\right]$$

を考えたとき，$\eta = VaR_p[L]$ で実現し，CVaR の最小化となる。

上記2つについて，$\rho^{Variance}$，ρ^{CVaR}：リスク測度（Risk Measure）関数として，

$$\rho^{Variance}(x, \eta) = (x-\eta)^2$$

$$\rho^{CVaR}(x, \eta) = \eta + \frac{1}{1-p}(x-\eta)_+$$

とできる。そして，一般の効用関数 U に関しては，

$$\rho^U(x, \eta) = \eta - U(\eta - x)$$

とできる（G を gain として，Ben-Tal and Teboulle (2007) の Optimized Certainty Equivalent $\mathop{Sup}_{v \in R}(v + E[U(G-v)])$ の符号を反転させたものと考える）。

$$U(x) = \frac{x^{1-\gamma}}{1-\gamma}$$

に対しては，

$$\rho^U{}_{Inf}(X) = \mathop{Inf}_{\eta}(\eta - E[(\eta - X)^{1-\gamma}]^{\frac{1}{1-\gamma}})$$

となる（あるいは，$\rho^U{}_{Sup}(Y) = \mathop{Sup}_{\eta}(-\eta + E[(Y+\eta)^{1-\gamma}]^{\frac{1}{1-\gamma}})$ とも変形できる）。

これを利用して，第4章の折れ曲がり関数モデルも考慮しつつ，Seck et al. (2012) の数値シミュレーションなども踏まえて，リスクの捉え方に関し，第4章の効用関数やCRRA型効用関数の場合と，VaRやCVaRの場合でどう異なるかを考察すると，以下のとおりとなる。

- CRRA型効用関数が意味するリスクの捉え方は，VaRといった明確な閾値があるリスクの捉え方よりも，ゆるくリスクを捉えている。
- また，変数の変動のボラティリティの上昇に対するリスクの高まりも滑らかに上昇していく（VaRでリスクを捉える場合，一定以上のボラティリティで急上昇する傾向）。
- このようななか，Yamashita (2014) の折れ曲がりのある効用関数について考察すると，下値リスクサイドで折れ曲がる場合，効用関数が一定の下値以下にならないことから最悪のリスクの感じ方に上限度があると考えられる。また，上値で頭打ちする形で折れ曲がる場合，そもそもマイナスリターン側にテールリスクがある（損失する確率が正規分布の形状よりも確率が大きい等）場合が実際の金融市場では多いが，そうした場合は頭打ち部分はほとんど関係ないため差がほとんどないこととなる。

③ 新潮流

Mertonモデルの目的関数を発展させたその他の事例として，
- すでに述べたHojgaard and Vigna (2007) モデル

以外の形で，
- 効用関数をRisk Sensitiveなものに置き換えたもの[2]
- 下値リスク回避について戦略実行に制約がかかるState-Dependentな状況を想定してモデル化したもの[3]

---

2 Bielecki and Pliska (1999), Cochrane (2014), Hojgaard and Vigna (2007).
3 Sekine (2013).

第5章 動的資産配分問題の新潮流 73

- 一般に最終期末の資産価値に基づく効用関数の値の分布が同一ならば戦略を同等とみて，資産価値が特定の状況下で大きく成長するものとなる Cost-Efficient な状況を考えるもの[4]（Appendix E 参照）
- 最終期末の資産価値の分布形状を制約条件として最適戦略を考えるもの[5]

などがある。

また，加えて，

- 時間とともに時間選好の割引率が変化する場合の検討[6]
- 時間ゼロにおける Pre-Committed な最適化でなく Time-Inconsistent な最適化戦略の検討[7]
- ドリフトやボラティリティの変動パターンが時間等に依存する場合の検討[8]
- 売買執行コストをフリクションとしてモデルに取り入れたもの[9]
- 長期あるいは無限期間の場合の検討[10]
- 前提条件やパラメータの数値で解の形状が大きく変わる場合の Robust な最適解の検討[11]
- Partial Information への応用[12]
- Low liquidity の導入[13]
- Incomplete Market の本格的な導入[14]
- ベンチマーク対比のリターン・リスクを目標/運用制約とする運用の場合と

---

4 Bernard et al. (2013), Bjork et al. (2011).
5 Bouchard et al. (2010).
6 Ekeland and Pirvu (2008).
7 Basak and Chabakauri (2009).
8 Munk (2010).
9 Palczewski and Stettner (2007).
10 Ekeland and Pirvu (2008), Fukaya and Honda (2001).
11 Gundel (2003).
12 Kohatsu-Higa and Sulem (2006).
13 Pham and Tankov (2007).
14 Munk（2010）他，多数。

ベンチマーク対比でない運用の場合の差異の検討[15]など，多くの注目すべき研究が存在する。さらには，

- 動的資産配分戦略から効用関数を求める試み[16]

も進められている。

4 行動ファイナンス

最後に行動ファイナンスとの関連を述べる。第3章で考えたように効用関数の形状を考えて特定の戦略を最適戦略として導く手法は，行動ファイナンスでも用いられる。プロスペクト理論で使用されるS字型効用関数の形状は，たとえばKahneman and Tversky（1979）に基づいて記述すると以下のとおりである（図表5-1参照）。

［図表5-1］　Kahneman and Tversky の効用関数形状

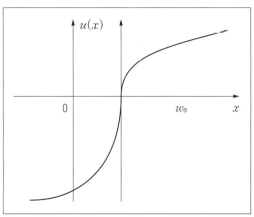

（横軸は資産額，縦軸は効用をとった。期初資産額から増加した場合と，減少してしまった場合とで効用の形状が異なる設定である。）

15　Davis and Lleo (2008).
16　Bernard and Kwak（2014）他。

効用関数 $U(x)=(x-w_0)^\alpha$, $x=w_t$(資産額)$\geq w_0$(当初資産額)
$\qquad\qquad =-\lambda\{-(x-w_0)\}^\beta$, $x=w_t \leq w_0$

Merton モデルの解を ψ^* とし上記の効用関数を使った場合の Merton モデルと同様な設定での動的資産配分戦略は**図表5-2**となる。

［図表5-2］ Kahneman and Tversky の効用関数による戦略

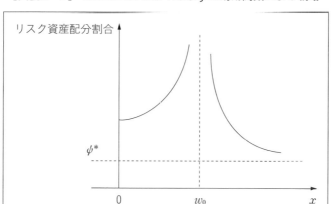

（横軸は時間 t での資産額，縦軸は運用戦略における Merton モデルのリスク資産配分割合である。）

まとめと今後の課題

　Merton モデルの多様化に関しての新潮流と行動ファイナンスとの関連例を述べた。そして，リスクをどう捉えているかというリスク測度が動的資産配分戦略において重要な概念となることを整理した。今後は動的資産配分戦略から効用関数を求める試みなどの一層の発展が期待される。なお，行動ファイナンスの進展も今後活用されていくと考えられるが，これについては本書の範疇を超えてしまう。山田（2011）などを参照されたい。

[Appendix D]

Hojgaard and Vigna（H-V）の目的関数 $\underset{\varphi_t(w_t)}{Sup}(E[w_T]-\alpha Var[w_T])$ と Merton モデルの目的関数 $\underset{\varphi_t}{Sup}E[U^{STD}(w_T)]$ について，$U^{STD}(x)=\log x$ の場合は，リスク資産幾何ブラン運動の場合であって，同一ではないかとの議論もできる。そこで，以下，Var［　］の部分のリスクを明確に認識した効用関数に意義があり，依然として差異があることを論じる。

具体的には，φ_t が時間依存しない前提をはじめから入れると H-V モデルは Merton 解と同一解。しかし，動的に φ_t が変わりうるなか，一般には同一にはならない。

リスク資産単体については，$dS_t=S_t\mu dt+S_t\sigma dB_t$ より $S_t=S_0e^{\left(\mu-\frac{1}{2}\sigma^2\right)+\sigma B_t}$ であるが，ポートフォリオについては，$X_t=f(t,B_t)=f(t,x)$ と置くと，

$$dX_t=\frac{\partial f}{\partial t}dt+\frac{\partial f}{\partial x}dB_t+\frac{1}{2}\frac{\partial^2 f}{\partial x^2}dt$$

また，富過程である

$$dX_t=X_t[\varphi_t(\mu-r)+r]dt+\varphi_t X_t\sigma dB_t$$

と比較して，

$$\frac{\partial f}{\partial x}=\varphi_t\sigma f \text{ より，} f(t,x)=f(t,0)e^{\varphi_t\sigma x}$$

これを，$\frac{\partial f}{\partial t}+\frac{1}{2}\frac{\partial^2 f}{\partial x^2}=[\varphi_t(\mu-r)+r]f$ に代入すると，

$$\left(\frac{\partial \varphi_t}{\partial t}\sigma x+1\right)e^{\varphi_t\sigma x}\frac{\partial f(t,0)}{\partial t}+\frac{1}{2}\sigma^2\varphi_t^2 f(t,0)e^{\varphi_t\sigma x}$$

$$=[\varphi_t(\mu-r)+r]f(t,0)e^{\varphi_t\sigma x}\frac{\partial \log f(t,0)}{\partial t}$$

$$=\frac{\varphi_t(\mu-r)+r-\frac{1}{2}\sigma^2\varphi_t^2}{\frac{\partial \varphi_t}{\partial t}\sigma x+1} \text{ より}$$

$$X_t = f(t, B_t) = X_0 e^{\int \frac{\varphi_t(\mu-r) + r - \frac{1}{2}\sigma^2\varphi_t^2}{\frac{\partial \varphi_t}{\partial t}\sigma x + 1} dt + \sigma B_t}$$

Merton モデルは,

$$\sup_{\varphi_t} E[U^{STD}(w_T)] = \sup_{\varphi} w_0 E\left[\int \frac{\varphi_t(\mu-r) + r - \frac{1}{2}\sigma^2\varphi_t^2}{\frac{\partial \varphi_t}{\partial t}\sigma x + 1} dt + \sigma \varphi B_T\right]$$

（w_0 は初期資産）

H-V モデルは,

$$\sup_{\varphi_t(w_t)} w_0 \left(E\left[e^{\int_0^T \frac{\varphi_t(\mu-r) + r - \frac{1}{2}\sigma^2\varphi_t^2}{\frac{\partial \varphi_t}{\partial t}\sigma x + 1} dt + \sigma B_T}\right] - \alpha Var\left[e^{\int_0^T \frac{\varphi_t(\mu-r) + r - \frac{1}{2}\sigma^2\varphi_t^2}{\frac{\partial \varphi_t}{\partial t}\sigma x + 1} dt + \sigma B_T}\right]\right)$$

仮に $\frac{\partial \varphi_t}{\partial t} = 0$ であれば, 第 1 項が簡単になり, また, φ_t は時間依存しないので φ と置くことができ,

$$\frac{\partial f(t, 0)}{\partial t} = [\varphi(\mu - r) + r - \frac{1}{2}\sigma^2\varphi^2] f(t, 0)$$

$$X_t = f(t, B_t) = X_0 e^{[\varphi(\mu-r) + r - \frac{1}{2}\sigma^2\varphi^2]t + \sigma\varphi B_t}$$

となる。効用関数 $U^{STD}(x) = \log x$ のもとでは Merton モデルは,

$$\sup_{\varphi_t} E[U^{STD}(w_T)] = \sup_{\varphi} w_0 E\left[\left[\varphi(\mu-r) + r - \frac{1}{2}\sigma^2\varphi^2\right]T + \sigma\varphi B_T\right],$$

最大化 $\varphi = \frac{\mu - r}{\sigma^2}$

また, H-V で φ_t は時間依存しないと初めから前提をおけば, その場合,

$$\sup_{\varphi} E\left[w_0 e^{\varphi(\mu-r) + r - \frac{1}{2}\sigma^2\varphi^2]T + \sigma\varphi B_T}\right] - \alpha Var\left[w_0 e^{\varphi(\mu-r) + r - \frac{1}{2}\sigma^2\varphi^2]T + \sigma\varphi B_T}\right]$$

$$= \sup_{\varphi}\left[w_0 e^{[\varphi(\mu-r) + r - \frac{1}{2}\sigma^2\varphi^2]T} - \alpha w_0^2 e^{2[\varphi(\mu-r) + r - \frac{1}{2}\sigma^2\varphi^2]T}(e^{\sigma^2 T} - 1)\right]$$

最大化する φ は $\left(\varphi - \frac{\mu - r}{\sigma^2}\right)(1 - 2\alpha w_0(e^{\sigma^2 T} - 1)) = 0$ を満たす。

$\varphi = \dfrac{\mu - r}{\sigma^2}$ が自然な解となる。

参考まで，$\underset{\varphi_t(w_t)}{Sup}(E[w_T] - aVar[w_T])$ とした解析解は，資産配分割合 φ_t に関して，

$$\varphi_t(w_t) = \frac{\mu - r}{\sigma^2} \cdot \left(\frac{e^{-r(T-t) + \left(\frac{\mu-r}{\sigma}\right)^2 T}}{2aw_t} + \frac{1}{(w_t/(w_0 e^r))} - 1 \right)$$

ここで，Merton 解（$\gamma = 1$ の場合）は，

上記の（　）＝1の場合

である。

[Appendix E]

最終期のリスク資産の価格 S_T に対して決まるペイオフが K をストライクプライスとして，以下のようになっているものを考える。

その1：$(K - S_T)^+$

その2：$(K - S_0^2 e^{2\left(\mu - \frac{\sigma^2}{2}T\right)} / S_T)^+$

ここで，S_0 は期初のリスク資産価格，S の変動はドリフト μ，ボラティリティ σ（いずれも一定）の幾何ブラウン運動に従うとする。

その1は一般的なプット・オプションであるが，その2はパワー・オプションの1つ（－1乗）となっている。

その2はその1と同じペイオフの確率分布となっているが，S が上昇するほどペイオフが大きくなるという点は，その1の通常のプットと正反対である。このようにリスク資産価値が増大するほどペイオフが減少するものや，リスク資産価値が増大するほどペイオフが増大するものがある。

第Ⅱ部

実証研究編

株価や株式リターンに関する実証分析について,近年,次の指摘がなされている。
① 有意なサンプル数の考察がない,または,不十分である(Ellis (2010))。
② 回帰係数等の有意度の統計的な検証(ゼロ仮説の棄却の可否検定,t値によるテスト等)が主で,その影響度(マグニチュード)や経済学的な意味の評価がなされていない(Ellis (2010), Dyckman and Zeff (2014))。
③ 時系列等の選別の妥当性(Dyckman and Zeff (2014), 以下④,⑤も同じ)。
④ 他の時期等での検証がなされることが少ない。
⑤ 分析の限界等が記述されていないことが多い。

ここでは①の指摘について,回帰係数がゼロであるとの Null Hypothesis の棄却の有意水準(両側検定)を0.10として,Effect size について回帰の R2が0.4程度と想定する。また,Power を0.8以上(Cohen (1998) にならった)とする。説明変数が6つ(後述)であることから,必要なサンプル数は21以上と逆算される。そこで今回少なくとも30のサンプルを用意しクロスセクション分析を行った(以上,Kelley and Maxwell (Website Paper), Danielsoper (Website) 参照)。

次に②の指摘について,影響度について,「被説明変数」のサンプルでの平均を100%として,「回帰係数」×「特定の説明変数のサンプルでの平均」が大きさのどのくらいを占めるか計算することで測った。

③の指摘に関しては,2010年に公表された退職給付債務会計改定の公開草案の公表という最も大きな事象の前後での時系列データを使用し分析した。

④の指摘については,過去の文献でのモデルの変数と同様な構成とした(Bulow et al. (1987) 等)。なお,統計的に有意である結果のみ学術誌等に発表されるといったバイアスがあることは広く議論されている(たとえば Scargle (2000), Dyckman and Zeff (2014))。今回のような分析に関して,日本企業を対象としたものは,2000年等のデータを元にした分析は文献がある程度あっても最近のデータによる文献は,たとえば,柳瀬・後藤(2011)に限られる。最後に,⑤に関して,これに留意した。

第6章

退職給付債務情報の株価形成へのインパクト

> Summary 退職給付会計情報[1]の開示強化がDBを運営する企業の株価等に大きな影響を及ぼし得るという認識の是非を実証的に検討する。時価総額を被説明変数とする構造モデル（線形回帰式）の説明変数の1つとして、退職給付債務情報を使用し、その感応度や有意性、その情報の影響の大きさをみるためのクロスセクション分析を実施し、また、DBからDCへ移行するアナウンスの株価への影響についてインパクト分析を行った。2005年度のデータによる分析では未認識退職給付債務等が時価総額に大きなマイナスの影響を与えていたものの、それ以降の年度のデータでは、影響は総じて弱かった。ただし、赤字を含むPER低位企業の株価には、最近でもマイナスの比較的大きな影響が見られた。一方、インパクト分析では目立った影響はみられなかった。

 1　イントロダクション

日本においては、1990年代後半からの金融ビッグバンの流れのなかで、2000年度より上場企業のDBに関して、初めて退職給付会計が導入された。これにより退職給付債務等の情報が開示されるようになり、積立不足であれば負債純

---

[1] 退職給付会計の詳細はAppendix F参照。なお、退職給付には企業年金給付の他、退職一時金も含んでいる。多くの企業でDBの給付が主となっている。

額が企業の連結貸借対照表に計上されることとなった。さらに直近では，2010年に，ASBJ（企業会計基準委員会）は新しく退職給付債務に係る会計基準草案を公開し，今後，未認識退職給付債務をより厳格に損益計算書等の財務諸表で認識することなどが実施される。このような状況下，退職給付債務情報が企業の株価にどう影響してきているかを分析した。

退職給付債務情報の株価への影響に関する実証研究は，被説明変数を「株価または株価×発行株数の時価総額」もしくは「時価総額/自己資本」（これはPBRとなる）とした，銘柄間のクロスセクション分析で，説明変数に積立不足額などを表す退職給付債務情報を加え，その回帰係数をみることで行われている。こうした手法においては，そもそも説明変数として何が妥当であるのかという点や，一般に経済・市場環境を始めとする多様な要因が株価に影響する等の課題があるものの，回帰係数等によって，影響をある程度推し量ることができる。海外企業の実証研究[2]では，総じて企業の追加負担が想定される積立不足を表す退職給付債務情報が株価にマイナスの影響を与えるとの結果が得られている。

一方，日本企業について，星野・林（2002）は，初めて退職給付会計が導入された当時の2000年3月期決算の退職給付債務情報について，積立不足に関する情報が時価総額にマイナスの影響を与えているとしているが，これ以後のデータを用いた分析は見当たらない[3]。

ここではBulow et al.（1987）等の分析にならい，東証一部3月決算上場企業連結決算データを利用し，クロスセクション分析を行った。「時価総額/自己資本」を被説明変数とし，退職給付債務情報も自己資本で規格化して説明変数とする。分析は2005年，2008年，2010年および2011年という直近のデータによる分析で，単に回帰係数の統計的有意性を見るだけでなく，影響の大きさも分析している（以上，「分析(A)」）。

---

2 Feldstein and Moreck（1983），Bulow et. al.（1987），McConnell and Servaes（1995），Franzoni and Marin（2003），Dontoh et. al.（2007），Peng（2008）。
3 実務上のレポート等は散見される。なお，統計的に有意である結果のみ学術誌等に発表されるといったバイアスがあることは広く議論されており，たとえばScargle（2000），Dyckman and Zeff（2014）で指摘されている。

また近年，DB の積立不足等のリスクを企業経営から切り離すため，DB から DC へ移行する例が増えている。そうした DB から DC への移行決定という情報のアナウンスが株価にどう影響するかを検証した。海外企業の文献[4]では株価にプラスの効果があると報告されているが，日本企業を用いた分析は見当たらない[5]（以上，「分析(B)」）。

以下，2 および 3 にてリサーチデザインについて述べ，4 で分析結果を論じる。5 ではまとめと今後の課題について整理した。

分析(A)：退職給付債務情報による株価クロスセクション分析に係るリサーチデザインとデータ

Ordinary Least Square による回帰分析（クロスセクション分析）を，被説明変数を「時価総額/自己資本」とし，説明変数に退職給付債務情報を含む財務数値等を用意して行う。

2.1 方　　法

構造モデルとして使う線形回帰式は以下のとおりである。クロスセクション分析を時価総額の株価の時点ごとおよび使用する財務諸表の基準日ごとに実施した。

$$MV_{time}(i)/BV^{BS} = Intercept_{time}^{BS}(i) + \sum_j coeffItem_{time}^{BS}(j,i) \times Item^{BS}(j,i)$$

MV：時価総額。浮動株調整後時価総額（Float MV）とは区別。
$time$：時価総額の基準日。2005年，2008年，2010年，2011年それぞれの3月末，6月末，9月末，12月末。

4　Milevsky and Song（2008）。
5　ただし，Choi and Tokuga（2007）は積立不足一括償却等のインパクトを分析している。

i：東証一部上場，3月期決算企業で，データが完備した，1,032企業。

BS：財務諸表の基準日。2005年，2008年，2010年，2011年のそれぞれの3月末。

BV：自己資本＝資本の部の合計。

$Intercept$：クロスセクション回帰した定数項。

$CoeffItem$：下記の説明変数に対する回帰係数。

j：説明変数（$Item$）はj＝①～⑥の以下とした。

① 退職給付債務情報（下記の項目を1つずつ取り上げる）$\div BV$
・貸借対照表記載の未積立退職給付債務の計上純額（Net）
・未積立退職給付債務額（U-RBO）
・割引率調整後未積立退職給付額（Adj U-RBO）[6]
・引当金額（RBReserve）
・未認識退職給付債務額（会計基準変更時差異の未処理額等，未認識数理計算上の差異，および未認識過去勤務債務の合計）(Unrecognized (Total))
・退職給付債務額（RBO）
・退職給付にかかる費用合計（RBCost）
・年金給付額（Benefit）

② 負債の部の合計$\div BV$（以下，Liability）

③ 広告宣伝費$\div BV$（以下，AD）[7]

④ （翌期）税引き後利益額（会社予想）$\div BV$（以下，Earnings）

⑤ 利益成長率予想（来期の今期比会社予想, ％単位）（以下，Growth）

⑥ CAPMのベータ（過去5年の月次収益率を使用して，TOPIX対比各銘柄のリターン線形回帰係数を計算）（以下，Beta）

---

[6] Adj U-RBOは，退職給付債務のデュレーションを15年と仮定して，すべてのサンプルについて2.0％の割引率に統一すべく調整した未積立退職給付債務額である。定義は，「U-RBO＋RBO×15×（使用された割引率－2.0％）」。退職給付債務の金額は割引率に何を使うかで大きく異なり，かつ，恣意的な割引率決定がなされている可能性も指摘されている（佐々木（2005））。これの修正を行った数値の方が時価総額の銘柄間の差をよく表している可能性があると考えた。なお，2.0％のレベルは2005年から2011年の間，超長期の国債の利回り水準で退職給付債務の割引率として概ね妥当といえるレベルである。なお，Unrecognized等にはこうした修正が難しい。

[7] Bulow et al.（1987）では研究開発費であったが，業種ダミーとしての役割に鑑み，広告宣伝費で代替した。

2.2 データ

　東証一部上場企業のうち，3月決算企業で，かつ，分析に必要なデータが有価証券報告書等から得られた企業の財務諸表の数字と株価データを使用した（2010年3月期1,032社）。

　2010年の公開草案公表が株価形成に与えた影響として最も重要な事象と考えるため，データの設定期間について，決算期を2005年3月期，2008年3月期，2010年3月期，2011年3月期を用意して行う。ただし，2011年3月に発生した東日本大震災の影響で，2011年6月の時期にあった2011年3月期決算発表時に来期予想利益が仮置きされ，また，当該期対比来期の利益成長率予想(Growth)なども多くの企業で暫定的なものとなっていた。

　次頁の**図表6-1**は2010年6月時点の2010年3月期を元に，使用したサンプルについて，全銘柄，時価総額上位30銘柄，およびPER低位30銘柄の場合のそれぞれの基礎データである（これらのような30銘柄選別の理由は後述）。

　なお，積立不足額を絶対値としてのプラスの金額で扱うこととしたので，たとえば積立不足が時価総額にマイナスの影響を与えるのであれば，回帰係数の符号はマイナスとなる。

[図表 6-1] サンプル

≪2010年6月時点，1,032社の基礎データ≫

	Foat MV	MV	Net	U-RBO	Adj. U-RBO	Reserve	Unrecognized
Average	0.47	0.88	0.08	0.12	0.13	0.09	0.05
Standard Deviation	0.01	0.02	0.00	0.01	0.01	0.00	0.00
Skewness	2.12	2.40	4.74	5.09	5.26	5.43	6.01
Kurtosis	6.47	9.93	44.30	42.73	46.70	48.72	57.68
Max	2.57	5.47	1.92	2.53	2.72	1.92	1.20
Min	0.00	0.00	−0.19	−0.16	−0.17	0.00	0.00
Sample Number	1,032	1,032	1,032	1,032	1,032	1,032	1,032

Correlation	Foat MV	MV	Net	U-RBO	Adj. U-RBO	Reserve	Unrecognized
Foat MV	1.00	0.86	0.11	0.19	0.19	0.17	0.23
MV	0.86	1.00	0.12	0.20	0.20	0.21	0.25
Net	0.11	0.12	1.00	0.91	0.90	0.93	0.40
U-RBO	0.19	0.20	0.91	1.00	1.00	0.94	0.75
Adj. U-RBO	0.19	0.20	0.90	1.00	1.00	0.94	0.75
Reserve	0.17	0.21	0.93	0.94	0.94	1.00	0.59
Unrecognized	0.23	0.25	0.40	0.75	0.75	0.59	1.00
RBO	0.24	0.25	0.72	0.89	0.90	0.83	0.80
RB Cost	0.24	0.25	0.58	0.76	0.77	0.65	0.74
Benefit	0.22	0.23	0.59	0.76	0.76	0.64	0.72
Liablity	−0.06	−0.07	−0.00	0.04	0.04	0.04	0.08
AD	0.20	0.20	0.14	0.20	0.19	0.13	0.20
Earnings	0.45	0.50	0.04	0.06	0.06	0.06	0.07
Growth	−0.02	−0.02	0.06	0.05	0.05	0.05	0.02
Beta	−0.00	−0.04	0.20	0.27	0.27	0.23	0.27
PER	0.00	−0.02	−0.09	−0.07	−0.07	−0.07	−0.02

≪2010年6月時点，時価総額上位30社の基礎データ≫

	Foat MV	MV	Net	U-RBO	Adj. U-RBO	Reserve	Unrecognized
Average	0.72	1.08	0.07	0.13	0.14	0.13	0.06
Standard Deviation	0.07	0.10	0.02	0.03	0.04	0.03	0.02
Skewness	1.60	1.32	1.07	2.81	3.25	2.86	3.86
Kurtosis	2.73	2.31	1.32	9.41	12.49	9.73	16.63
Max	1.89	2.66	0.37	0.91	1.11	0.91	0.67
Min	0.22	0.37	−0.18	−0.01	−0.01	0.01	−0.02
Sample Number	30	30	30	30	30	30	30

Correlation	Foat MV	MV	Net	U-RBO	Adj. U-RBO	Reserve	Unrecognized
Foat MV	1.00	0.93	0.40	0.51	0.51	0.51	0.43
MV	0.93	1.00	0.36	0.40	0.39	0.41	0.31
Net	0.40	0.36	1.00	0.75	0.69	0.74	0.31
U-RBO	0.51	0.40	0.75	1.00	0.99	1.00	0.86
Adj. U-RBO	0.51	0.39	0.69	0.99	1.00	0.99	0.90
Reserve	0.51	0.41	0.74	1.00	0.99	1.00	0.86
Unrecognized	0.43	0.31	0.31	0.86	0.90	0.86	1.00
RBO	0.44	0.29	0.52	0.92	0.94	0.92	0.93
RB Cost	0.48	0.33	0.58	0.91	0.92	0.91	0.86
Benefit	0.49	0.34	0.62	0.91	0.91	0.91	0.83
Liablity	−0.13	−0.26	−0.23	−0.09	−0.07	−0.08	0.06
Book	0.47	0.35	0.05	0.09	0.10	0.09	0.09
Earnings	0.45	0.59	0.05	0.10	0.10	0.11	0.11
Growth	0.12	0.04	0.12	0.34	0.36	0.35	0.39
Beta	−0.18	−0.29	−0.47	0.01	0.06	0.01	0.37
PER	0.26	0.19	0.12	0.12	0.11	0.10	0.08

第6章 退職給付債務情報の株価形成へのインパクト 87

銘柄基礎データ

RBO	RB Cost	Benefit	Liablity	AD	Earnings	Growth	Beta	PER
0.27	0.03	0.03	3.01	0.01	0.06	0.39	1.00	18.49
0.01	0.00	0.00	0.17	0.00	0.00	0.05	0.01	1.04
5.11	5.04	4.98	3.74	11.44	0.96	16.83	0.15	10.44
45.26	37.84	36.56	17.50	180.19	2.13	363.73	−0.18	188.97
4.29	0.44	0.41	50.52	0.74	0.26	39.00	2.22	680.27
0.00	0.00	0.00	0.00	0.00	−0.11	−0.70	0.19	−198.02
1,032	1,032	1,032	1,032	1,032	1,032	1,032	1,032	1,032

RBO	RB Cost	Benefit	Liablity	AD	Earnings	Growth	Beta	PER
0.24	0.24	0.22	−0.06	0.20	0.45	−0.02	−0.00	0.00
0.25	0.25	0.23	0.07	0.20	0.50	−0.02	−0.04	−0.02
0.72	0.58	0.59	−0.00	0.14	0.04	0.06	0.20	−0.09
0.89	0.68	0.76	0.04	0.20	0.06	0.05	0.27	−0.07
0.90	0.77	0.76	0.04	0.19	0.06	0.05	0.27	−0.07
0.83	0.65	0.64	0.04	0.13	0.06	0.05	0.23	−0.07
0.80	0.74	0.72	0.08	0.20	0.07	0.02	0.27	−0.02
1.00	0.84	0.81	0.08	0.18	0.05	0.04	0.26	−0.06
0.84	1.00	1.00	0.15	0.19	0.05	0.03	0.30	−0.05
0.81	1.00	1.00	0.15	0.17	0.05	0.03	0.31	−0.06
0.08	0.15	0.15	1.00	−0.04	−0.12	0.05	−0.11	−0.05
0.18	0.19	0.17	−0.04	1.00	0.05	−0.02	−0.07	−0.01
0.05	0.05	0.15	−0.12	0.05	1.00	−0.14	−0.01	−0.18
0.04	0.03	0.13	0.05	−0.02	−0.14	1.00	0.11	0.12
0.26	0.30	0.31	−0.11	−0.07	−0.01	0.11	1.00	−0.02
−0.06	−0.05	−0.06	−0.05	−0.01	−0.18	0.12	0.02	1.00

RBO	RB Cost	Benefit	Liablity	Book	Earnings	Growth	Beta	PER
0.34	0.03	0.03	3.96	0.01	0.09	0.26	1.01	14.45
0.07	0.01	0.00	1.01	0.00	0.01	0.04	0.07	1.28
2.80	2.47	2.22	2.86	4.84	0.64	1.15	−0.19	1.29
9.28	7.35	5.65	8.61	24.86	0.04	0.37	−0.53	3.35
1.91	0.15	0.12	25.77	0.10	0.19	0.81	1.79	38.55
0.02	0.00	0.00	0.20	0.00	0.02	0.00	0.31	5.19
30	30	30	30	30	30	30	30	30

RBO	RB Cost	Benefit	Liablity	Book	Earnings	Growth	Beta	PER
0.44	0.48	0.49	−0.13	0.47	0.45	0.12	−0.18	0.26
0.29	0.33	0.34	0.26	0.35	0.59	0.04	−0.29	0.19
0.52	0.58	0.62	−0.23	0.05	0.05	0.12	−0.47	0.12
0.92	0.91	0.91	−0.09	0.09	0.10	0.34	0.01	0.12
0.94	0.92	0.91	−0.07	0.10	0.10	0.36	0.06	0.11
0.92	0.91	0.91	−0.08	0.09	0.11	0.35	0.01	0.10
0.93	0.86	0.83	0.06	0.09	0.11	0.39	0.37	0.08
1.00	0.96	0.94	−0.07	0.21	−0.01	0.45	0.18	0.21
0.96	1.00	0.99	−0.03	0.17	0.00	0.39	0.11	0.22
0.94	0.99	1.00	−0.02	0.14	0.01	0.36	0.07	0.22
−0.07	−0.03	−0.02	1.00	−0.14	−0.25	−0.12	0.48	−0.12
0.21	0.17	0.14	−0.14	1.00	0.06	−0.02	−0.06	0.17
−0.01	0.00	0.01	−0.25	0.06	1.00	−0.34	−0.08	−0.54
0.45	0.39	0.36	−0.12	−0.02	−0.34	1.00	0.16	0.55
0.18	0.11	0.07	0.48	−0.06	−0.08	0.16	1.00	−0.10
0.21	0.22	0.22	−0.12	0.17	−0.54	0.55	−0.10	1.00

(図表 6 - 1 つづき)
≪2010年 6 月時点，PER 低位30社の基礎データ≫

	Foat MV	MV	Net	U-RBO	Adj. U-RBO	Reserve	Unrecognized
Average	0.45	1.03	0.19	0.27	0.28	0.20	0.08
Standard Deviation	0.07	0.17	0.07	0.09	0.10	0.07	0.03
Skewness	2.13	1.86	3.92	3.68	3.79	3.93	2.55
Kurtosis	3.90	2.35	17.98	15.80	16.67	18.06	6.49
Max	1.68	3.74	1.92	2.53	2.72	1.92	0.60
Min	0.10	0.26	−0.03	−0.00	−0.00	0.00	0.03
Sample Number	30	30	30	30	30	30	30

Correlation	Foat MV	MV	Net	U-RBO	Adj. U-RBO	Reserve	Unrecognized
Foat MV	1.00	0.84	−0.11	−0.11	−0.11	−0.11	−0.10
MV	0.84	1.00	−0.14	−0.12	−0.12	−0.12	−0.08
Net	−0.11	−0.14	1.00	0.99	0.99	1.00	0.83
U-RBO	−0.11	−0.12	0.99	1.00	1.00	0.99	0.91
Adj. U-RBO	−0.11	−0.12	0.99	1.00	1.00	0.99	0.91
Reserve	−0.11	−0.12	1.00	0.99	0.99	1.00	0.84
Unrecognized	−0.10	−0.08	0.83	0.91	0.91	0.84	1.00
RBO	−0.11	−0.09	0.96	0.98	0.98	0.96	0.91
RB Cost	−0.13	0.09	0.76	0.78	0.78	0.78	0.71
Benefit	−0.13	0.10	0.74	0.75	0.75	0.76	0.68
Liablity	−0.08	0.27	−0.03	−0.05	−0.05	−0.01	−0.09
AD	0.42	0.36	0.05	0.03	0.03	0.04	−0.03
Earnings	−0.43	−0.55	−0.02	−0.06	−0.07	−0.03	−0.16
Growth	−0.08	0.07	0.28	0.27	0.27	0.29	0.22
Bata	−0.10	0.02	0.22	0.24	0.23	0.23	0.28
PER	−0.52	−0.45	−0.30	−0.29	−0.30	−0.30	−0.24

2.3 検証する内容

> **分析（A-1）** どの退職給付債務に係る情報が「時価総額/自己資本」に最も大きな影響を与えるか，そして退職給付債務情報の影響度は，2005年，2008年，2010年，2011年でどう変化してきたか，さらに 6 月末以外の 3 月末， 9 月末，12月末のデータを使用した「時価総額/自己資本」ではどのような影響がでているか分析する。

> **分析（A-2）** クロスセクション分析対象企業のサンプルの取り方を時価総額，未積立退職給付債務額の規模，PER や PBR のレベル，財務レバレッジ度合いについて，ランキングしたその上位（あるいは下位）グループをサンプルとした場合に影響度等がどう異なるか，そして，ランキングのトップ30社，あるいはトップ100社，その次の100社といったサンプリングの差で差異があるかについて分析する。

第6章 退職給付債務情報の株価形成へのインパクト

RBO	RB Cost	Benefit	Liablity	AD	Earnings	Growth	Beta	PER
0.50	0.06	0.06	4.32	0.01	0.04	0.86	1.25	−30.58
0.15	0.02	0.02	1.68	0.00	0.02	0.23	0.07	9.84
3.66	2.44	2.38	4.71	3.22	0.02	1.96	−0.81	−1.95
15.34	5.85	5.47	23.50	11.89	−1.31	4.93	−0.56	3.25
4.29	0.38	0.34	50.52	0.12	0.17	5.43	1.77	5.19
0.03	0.01	0.01	0.11	0.00	−0.11	−0.42	0.44	−198.02
30	30	30	30	30	30	30	30	30

RBO	RB Cost	Benefit	Liablity	AD	Earnings	Growth	Beta	PER
−0.11	−0.13	−0.13	−0.08	0.42	−0.43	−0.08	−0.10	−0.52
−0.09	0.09	0.10	0.27	0.39	−0.55	0.07	0.02	−0.45
0.96	0.76	0.74	−0.03	0.05	−0.02	0.28	0.22	−0.30
0.98	0.78	0.75	−0.05	0.03	−0.06	0.27	0.24	−0.29
0.98	0.78	0.75	−0.05	0.03	−0.07	0.27	0.23	−0.30
0.96	0.78	0.76	−0.01	0.04	−0.03	0.29	0.23	−0.30
0.91	0.71	0.68	−0.09	−0.03	−0.16	0.22	0.28	−0.24
1.00	0.82	0.80	0.01	0.02	−0.09	0.25	0.21	−0.29
0.82	1.00	1.00	0.53	−0.06	−0.22	0.33	0.24	−0.21
0.80	1.00	1.00	0.55	−0.07	−0.23	0.33	0.25	−0.21
0.01	0.53	0.55	1.00	−0.09	−0.20	0.11	0.02	0.03
0.02	−0.06	−0.07	−0.09	1.00	−0.25	0.12	−0.61	−0.78
−0.09	−0.22	−0.23	−0.20	−0.25	1.00	−0.28	0.09	0.53
0.25	0.33	0.33	0.11	0.12	−0.28	1.00	0.16	−0.24
0.21	0.24	0.25	0.02	−0.61	0.09	0.16	1.00	0.47
−0.29	−0.21	−0.21	0.03	−0.78	0.53	−0.24	0.47	1.00

仮説として,以下が想定される。

- 退職給付債務情報のなかで相対比較した場合,株価形成において,未認識退職給付債務[8]がもっとも顕著なマイナスの影響を与えるのではないかと想定する。なぜなら未認識退職給付債務は,現状,連結決算の損益計算書において直接は認識されていないが,新しい会計基準ではマイナス寄与として即時認識となるからである。また,単なる連想から,他の退職給付債務情報である未積立退職給付債務額や退職給付債務額も,負荷がかかるというイメージ等から株価形成上の影響がある可能性がある。
- 影響を与える時期について,3月決算企業の決算発表時期の6月が終わっ

---

8 Appendix F 参照。退職給付債務額は年金等にかかる債務全体の額で,未積立退職給付債務額はそれから年金資産を引いたもの。この未積立分は順次,一定期間での償却が開始されるが,償却開始となった未積立分の残額は未認識退職給付債務額として未積立分から控除され,純額として財務諸表で認識されている。

た6月末時点で，反映されている可能性が高い。また，2010年に新しい会計基準の公開草案公表がされていることから，2005年よりも2010年や2011年の方が影響が顕著であると予想される。

- 加えて，時価総額やPER（税引き後利益額÷時価総額）でランキングした上位（あるいは下位）グループをサンプルに選ぶ等の方法で検証すれば，グループにより退職給付債務情報の「時価総額/自己資本」へのマイナス影響の状況が異なる可能性がある。具体的には，

  (1) 一般に，時価総額が大きいほど株式取引において注目されることから，時価総額の大きな企業グループほど，退職給付債務情報の影響がより大きい可能性がある。

  (2) PER低位（あるいはPBR低位）であることに関しては，当該企業の株式市場での株価評価が低いことを示しており，退職給付債務の積立不足などの株価へのマイナス要因はよく把握・吟味・反映される可能性がある。また，退職給付債務未積立額の大きさに関し，その絶対額が大きいこと自体を理由に注目される可能性がある。そこでPER低位企業グループや退職給付債務未積立額の大きい企業グループほど，退職給付債務情報の影響がより大きい可能性がある。

  (3) レバレッジに関し，退職給付債務という債務が注目されるのであればそもそもレバレッジが高い企業がより退職給付債務について注目されると思われることから，レバレッジの高い企業グループほど，退職給付債務情報の影響がより大きい可能性がある。

3 分析(B)：マーケットインパクト分析に係るリサーチデザインとデータ

分析(B)では，DBからDCに移行する等の情報のアナウンス日前後の日次リターンのうち，株式市場全体の動きに連動する部分以外の部分をCAPMのファクターモデルに基づき計算し，移行の情報に反応していると考えられるよ

うな銘柄特有の特異なリターンがあったか否かを調べた。

DCは2001年10月より「確定拠出年金法」の施行によって始められた。DBへの新規加入を停止して新しい制度としてDCを導入する等のみならず，DBからの資産移管のスキームも制度として整備され，2000年以降，100以上の上場企業で移行が実施されている。

3.1 方法

具体的な計算は，Yamashita et al. (1999) 他で使用されている残差分析の手法を応用した。すなわち，アナウンス日前24営業日の株価を以下のファクターモデルで予測し，当日あるいは当日後の株価動向（1日のリターン，累積のリターン）でモデルで説明できない部分を残差として，これらが統計的に有意にゼロでないか否かを分析する（なお，当該データ期間の短期金利がほぼゼロである等からリスクフリーレートをゼロとして考察している）。

$$PE_t(k) = Ret_t(k) - NR_t(k)$$
$$NR_t(k) = \alpha(k) + \beta_{Mkt}(k) \times Ret_t(BM^{Mkt}) + \beta_{SML}(k) \times Ret_t(BM^{SML}) + \beta_{HML}(k) \times Ret_t(BM^{HML})$$
$$TE_t(k) - PE_t(k)/e(k)$$
$$CTE(k) = \sum PE_t(k)/\sqrt{Term}$$

$PE_t(k)$：銘柄kのt時点のリターン残差で，超過リターン（アノマリー，異常リターン）とも呼ばれ，ファクターモデルで説明できない部分。

$Ret_t(k)$：銘柄kのt時点のリターン。

h：図表6-2の銘柄。20銘柄。

t：公表日を$t=0$とし，24営業日分の前後の日を-24〜24で表す。

$NR_t(k)$：$t=-24$〜-1のデータからファクターモデルで推定される$t=0$〜24のリターン。

$\beta_{Mkt}(k)$, $\beta_{SML}(k)$, $\beta_{HML}(k)$：それぞれ，「株式市場全体の指数リターン」，「中小型株指数リターン-大型株指数リターン」，「バリュー株指数リターン-グロース型株リターン」に対する回帰係数（これらのリターンは，Nomura Russellの対応する指数を利用）。

$\alpha(k)$：定数項

$\sum PE_t(k)$：$PE_t(k)$ の一定期間（Term）の累積値。今回アナウンス日を含め以後の合計25営業日分の和。

$\text{Re}t_t(BM^{Mkt})$：株式市場全体の t 時点のリターン（BM は Nomura Russell 総合日本株指数を使用した）。

$\text{Re}t_t(BM^{SML})$, $\text{Re}t_t(BM^{HML})$：それぞれ，Nomura Russell の指数による日本株に関する「中小型株指数リターン－大型株指数リターン」，「バリュー株指数リターン－グロース型株リターン」。

$e(k)$：標準誤差。

$TE_t(k)$, $CTK(k)$：それぞれ $NR_t(k)$, $NR_t(k)$ の累積の t-value。

3.2 データ

アナウンスした企業のサンプル抽出上の留意点は以下である（**図表6-2参照**）。

- 発表タイミングが決算発表と同時であるものは除いた。多くの情報のなかで注目度が下がる，あるいは DC 導入だけのインパクトは検出できないと考えられるためである。
- また，以下の観点も考慮した。
    (1) 株式取引がない日がある等，売買流動性のない銘柄は除く（例：三井情報）。
    (2) 変動が極度に激しい銘柄も除外した（例：東急リバブル）。
    (3) 企業に他のイベントが発生しているものは除いた（例：電力会社の原発問題）。
    (4) ニュースや記事がアナウンスに先行される例も多くあり，除外した（例：富士通）。
- 当初は，制度の移行のみをアナウンスするものが主流であったが，最近では，導入直後の決算期への影響（移管時の拠出を上回る資産を保有していた場合の益，不足額充当のための損等）を合わせて提示することが多くなっている。当初損失が発生しても，一般的に中長期的には確定給付年金という債

第6章　退職給付債務情報の株価形成へのインパクト　93

[図表6-2]　DBをDCに移行する発表のサンプル企業

≪影響額をアナウンスしているものは●でプラス効果，×でマイナス効果を示している。≫

コード	9984	2811	9506	7984	6371	8179	5101
社名	ソフトバンク	カゴメ	東北電力	コクヨ	椿本チェイン	ロイヤル	横浜ゴム
アナウンス日	5/29/2001	9/30/2002	3/10/2004	3/23/2004	3/24/2004	1/5/2005	1/25/2006
影響	不明	不明	不明	不明	不明	不明	不明

コード	9501	6704	8005	1911	9742	6756	6773
社名	東京電力	岩崎通信機	旧ムトウ（現スクロール）	住友林業	アイネス	日立国際	パイオニア
アナウンス日	9/27/2006	1/26/2007	1/30/2009	1/29/2010	6/25/2010	5/9/2011	5/11/2011
影響	不明	●	不明	●	×	×	不明

コード	6758	3401	6752	5932	9432	7282
社名	ソニー	帝人	パナソニック	三協立山	NTT	豊田合成
アナウンス日	4/2/2012	10/1/2012	5/10/2013	12/2/2013	12/13/2013	4/2/2014
影響	不明	不明	●	不明	不明	不明

務がなくなるというメリットがあるとされる。

3.3　分析する内容

　アナウンス当日または翌日の，ファクターモデルで説明できないリターンの残差の部分と，アナウンス当日以降の残差の累積が，有意水準0.10の両側検定で，ゼロであるとのNull Hypothesisが棄却できるかをみる（分析(B)）。

　仮説としては，残差が有意にゼロでないプラスとなることが予想できるが，足元の損失に注目が行くとマイナスである可能性もある。また，累積では，より強く上記傾向が見られると予想される。また，そもそも既存の積立不足が自己資本対比大きな企業（今回取り上げたものでは日立国際が当時，東証一部トップ30に入る）ではより顕著となることが予想される。

4 分析・検証結果

4.1 分析（A-1）について

① 時価総額上位30銘柄での分析

結果：**図表6-3a**および**図表6-3b**参照。

- 退職給付債務情報は「時価総額/自己資本」にマイナスの影響を与えると考えられ回帰係数は負となることを想定したが，2005年のデータで負となった以外は他は概ね正となった。また，回帰係数がゼロであるとのNull Hypothesisを両側検定で有意水準0.10にて棄却できるケースは2005年のUnrecognized，RBO，RBCostの場合のみであった。

- 影響度を，「被説明変数」のサンプルでの平均を100%として，「回帰係数」×「特定の説明変数」のサンプルでの平均がどのくらいの割合であるかを計算することで定義する。その影響度をみたところ，2005年のデータにおいて，被説明変数を100%として，退職給付債務情報の影響度は概ね10%～20%であった。

[図表 6 - 3 a] 退職給付債務の情報を含む回帰分析：時価総額上位30銘柄

時価総額上位30銘柄による退職給付債務情報を説明変数に含んだ回帰の結果

$$MV_{time}(i)/BV^{BS} = Intercept_{time}^{BS}(i) + \sum_j coeffItem_{time}^{BS}(j, i) \times Item^{BS}(j, i)$$

説明変数として Item-2 から Item-6 は以下の Liability, AD, Earnings, Growth, Beta を使用し、Item-1 に以下の Net, U-RBO, Adj U-RBO, Reserve, Unrecognized, RBO, RB Cost, Benefit の 8 つを用意して、それぞれの場合で回帰を実施

2005年 3 月期決算データを説明変数に使用して、2005年 6 月末時価総額/自己資本の部の合計を被説明変数とした場合

Item-1	Net	U-RBO	Adj. U-RBO	Reserve	Unregonized	RBO	RB Cost	Benefit
Coeff.								
Intercept	0.40	0.62	0.58	0.56	−0.31	0.60	0.62	0.65
Item-1 (column top above)	−0.04	−0.92	−0.90	−0.98	−3.72	−1.09	−11.64	−10.41
Item-2 Liability	0.02	0.02	0.02	0.02	0.01	0.02	0.02	0.02
Item-3 AD	12.98	12.77	12.72	12.19	13.65	13.56	13.61	13.27
Item-4 Earnings	0.56	0.59	0.86	1.00	4.68	2.49	2.53	1.86
Item-5 Growth	4.11	4.42	4.51	4.50	5.54	5.12	5.15	4.86
Item-6 Beta	0.52	0.43	0.45	0.44	1.01	0.48	0.39	0.36
t-value								
Intercept	0.37	0.69	0.66	0.63	−0.37	0.75	0.75	0.75
Item-1 (column top above)	−0.03	−1.14	−1.28	−1.06	−2.50	−2.43	−2.08	−1.60
Item-2 Liability	0.65	0.57	0.57	0.64	0.48	0.67	0.80	0.75
Item-3 AD	1.65	1.67	1.68	1.58	1.96	1.94	1.89	1.78
Item-4 Earnings	0.11	0.13	0.19	0.22	1.05	0.59	0.58	0.41
Item-5 Growth	2.64	2.88	2.94	2.88	3.71	3.54	3.41	3.14
Item-6 Beta	0.73	0.68	0.72	0.69	1.68	0.84	0.66	0.58
Sample Number	30	30	30	30	30	30	30	30
Adjusted R2	0.55	0.58	0.40	0.58	0.65	0.65	0.62	0.60

2008年 3 月期決算データを説明変数に使用して、2008年 6 月末時価総額/自己資本の部の合計を被説明変数とした場合

Item-1	Net	U-RBO	Adj. U-RBO	Reserve	Unregonized	RBO	RB Cost	Benefit
Coeff.								
Intercept	0.91	0.87	0.88	0.90	1.17	1.03	0.93	0.89
Item-1 (column top above)	1.21	1.22	0.99	1.24	−1.09	0.45	6.03	7.65
Item-2 Liability	−0.00	−0.01	−0.01	−0.01	−0.00	−0.00	−0.00	−0.00
Item-3 AD	9.29	9.19	9.03	9.02	9.21	7.32	7.60	8.19
Item-4 Earnings	5.39	5.51	5.64	5.32	5.16	5.51	5.66	5.59
Item-5 Growth	0.12	0.13	0.16	0.11	0.12	0.10	0.26	0.29
Item-6 Beta	0.03	0.04	0.01	0.03	−0.09	−0.14	−0.07	−0.02
t-value								
Intercept	2.67	2.53	2.51	2.63	2.95	2.88	2.52	2.39
Item-1 (column top above)	2.80	2.79	2.58	2.71	−0.27	1.92	1.95	1.99
Item-2 Liability	−0.24	−0.38	−0.33	−0.42	−0.06	−0.05	−0.21	−0.16
Item-3 AD	2.49	2.46	2.37	2.40	2.13	1.78	1.86	2.04
Item-4 Earnings	4.18	4.26	4.26	4.09	3.34	3.95	4.05	4.03
Item-5 Growth	0.53	0.59	0.68	0.48	0.48	0.41	1.04	1.17
Item-6 Beta	0.10	0.14	0.04	0.11	−0.29	−0.48	−0.23	−0.06
Sample Number	30	30	30	30	30	30	30	30
Adjusted R2	0.50	0.50	0.53	0.50	0.34	0.43	0.43	0.43

(図表 6 - 3 a つづき)
2010年3月期決算データを説明変数に使用して，2010年6月末時価総額/自己資本の部の合計を被説明変数とした場合

Item-1		Net	U-RBO	Adj. U-RBO	Reserve	Unregognized	RBO	RB Cost	Benefit
Coeff.									
	Intercept	0.32	0.51	0.53	0.51	0.69	0.52	0.48	0.47
Item-1 *(column top above)*		1.01	0.68	0.58	0.65	1.07	0.27	3.74	4.65
Item-2 Liability		0.01	0.01	0.01	0.01	0.01	0.02	0.01	0.01
Item-3 AD		9.40	8.92	8.81	8.91	8.72	8.27	8.34	8.51
Item-4 Earnings		8.65	8.10	8.12	8.08	7.91	8.53	8.46	8.41
Item-5 Growth		0.73	0.59	0.59	0.59	0.57	0.62	0.61	0.61
Item-6 Beta		−0.35	−0.47	−0.48	−0.46	−0.60	−0.53	−0.50	−0.48
t-value									
	Intercept	1.08	1.92	1.99	1.92	2.37	1.89	1.80	1.75
Item-1 *(column top above)*		1.28	1.77	1.72	1.67	1.75	1.29	1.56	1.67
Item-2 Liability		0.96	0.96	0.97	0.93	1.00	1.06	0.97	0.92
Item-3 AD		2.41	2.35	2.31	2.33	2.29	2.06	2.14	2.21
Item-4 Earnings		4.67	4.38	4.38	4.32	4.21	4.57	4.61	4.61
Item-5 Growth		2.06	1.62	1.60	1.59	1.52	1.61	1.65	1.67
Item-6 Beta		−1.43	−2.23	−2.32	−2.20	−2.77	−2.44	−2.37	−2.30
Sample Number		30	30	30	30	30	30	30	30
Adjusted R2		0.23	0.30	0.55	0.28	0.29	0.23	0.27	0.28

2011年3月期決算データを説明変数に使用して，2011年6月末時価総額/自己資本の部の合計を被説明変数とした場合

Item-1		Net	U-RBO	Adj. U-RBO	Reserve	Unregognized	RBO	RB Cost	Benefit
Coeff.									
	Intercept	0.16	0.23	0.25	0.24	0.28	0.26	0.26	0.25
Item-1 *(column top above)*		0.75	0.39	0.30	0.36	0.16	0.08	2.07	4.22
Item-2 Liability		−0.01	−0.01	−0.01	−0.01	−0.01	−0.01	−0.01	−0.01
Item-3 AD		8.65	8.49	8.48	8.49	8.63	8.36	8.02	7.77
Item-4 Earnings		7.61	7.49	7.46	7.47	7.36	7.44	7.53	7.64
Item-5 Growth		0.20	0.22	0.21	0.21	0.22	0.21	0.23	0.26
Item-6 Beta		0.06	−0.00	−0.01	−0.00	0.00	−0.00	−0.04	−0.07
t-value									
	Intercept	0.57	0.88	0.95	0.92	1.06	0.99	1.00	0.96
Item-1 *(column top above)*		0.96	0.75	0.63	0.70	0.19	0.29	0.56	0.93
Item-2 Liability		−0.48	−0.40	−0.42	−0.42	−0.48	−0.43	−0.39	−0.34
Item-3 AD		2.08	2.02	2.01	2.01	2.02	1.90	1.83	1.81
Item-4 Earnings		6.25	6.18	6.15	6.17	6.07	5.99	6.07	6.22
Item-5 Growth		1.17	1.24	1.22	1.23	1.22	1.21	1.30	1.43
Item-6 Beta		0.28	−0.02	−0.02	−0.02	0.01	−0.01	−0.16	−0.31
Sample Number		30	30	30	30	30	30	30	30
Adjusted R2		0.62	0.62	0.62	0.62	0.61	0.61	0.61	0.62

[図表 6 - 3 b]　退職給付債務情報の時価総額への影響度
　　　　　　　：時価総額上位30銘柄

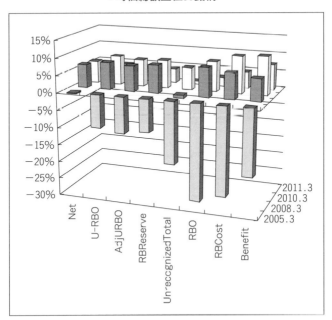

（影響度を，「被説明変数」のサンプルでの平均を100%として，「回帰係数」×「特定の説明変数」のサンプルでの平均がどのくらいの割合であるかを計算し，図示した。以下の同様の図表において同じ。）

② PER ランキングの低位30銘柄での分析

結果：図表 6 - 4 a および図表 6 - 4 b 参照。

- 係数はすべて負となった。これは時価総額上位30銘柄の場合よりもより仮説と合う結果となった（時価総額ランキングの場合，2005年以外はほぼ正の係数であった）。
- 回帰係数がゼロであるとの Null Hypothesis を両側検定で有意水準0.10 にて棄却できるケースは2005年の Net, U-RBO, Adj U-RBO, RB Reserve, Unrecognized, RBO の場合であった。

[図表 6 - 4 a]　退職給付債務の情報を含めた回帰分析：PER 低位30銘柄

PER 低位30銘柄による退職給付債務情報を説明変数に含んだ回帰の結果

$$MV_{time}(i)/BV^{BS} = Intercept_{time}^{BS}(i) + \sum_j CoeffItem_{time}^{BS}(j, i) \times Item^{BS}(j, i)$$

説明変数として Item-2 から Item-6 は以下の Liability, AD, Earnings, Growth, Beta を使用し,Item-1 に以下の Net, U-RBO, Adj U-RBO, Reserve, Unrecognized, RBO, RB Cost, Benefit の 8 つを用意して,それぞれの場合で回帰を実施

2005年3月期決算データを説明変数に使用して,2005年6月末時価総額/自己資本の部の合計を被説明変数とした場合

Item-1	Net	U-RBO	Adj. U-RBO	Reserve	Unregognized	RBO	RB Cost	Benefit
Coeff.								
Intercept	3.02	1.95	1.93	2.54	1.41	2.35	2.18	2.18
Item-1 (column top above)	−8.21	−3.89	−4.11	−4.87	−5.14	−1.58	−8.63	−8.60
Item-2 Liability	0.53	0.57	0.60	0.48	0.51	0.44	0.38	0.38
Item-3 AD	4.38	3.29	2.75	4.89	4.03	5.74	6.72	6.82
Item-4 Earnings	−13.33	−10.87	−10.56	−12.47	−9.52	−10.95	−11.06	−11.15
Item-5 Growth	−1.28	−0.92	−0.88	−1.22	−0.81	−1.09	−1.13	−1.15
Item-6 Beta	−0.85	−0.53	−0.56	−0.64	−0.30	−0.56	−0.45	−0.45
t-value								
Intercept	2.67	1.75	1.78	2.22	1.14	1.96	1.75	1.75
Item-1 (column top above)	−2.94	−2.99	−3.26	−2.64	−2.38	−2.06	−1.58	−1.51
Item-2 Liability	4.44	4.47	4.73	4.18	3.93	3.70	3.37	3.33
Item-3 AD	1.85	1.29	1.09	2.05	1.50	2.35	2.81	2.85
Item-4 Earnings	−4.07	−3.39	−3.37	−3.75	−2.74	−3.15	−3.08	−3.09
Item-5 Growth	−2.56	−1.80	−1.75	−2.38	−1.44	−1.98	−1.99	−2.02
Item-6 Beta	−1.34	−0.85	−0.93	−0.99	−0.46	−0.83	−0.65	−0.64
Sample Number	30	30	30	30	30	30	30	30
Adjusted R2	0.84	0.84	0.85	0.83	0.82	0.81	0.80	0.79

2008年3月期決算データを説明変数に使用して,2008年6月末時価総額/自己資本の部の合計を被説明変数とした場合

Item-1	Net	U-RBO	Adj. U-RBO	Reserve	Unregognized	RBO	RB Cost	Benefit
Coeff.								
Intercept	−0.45	−0.43	−0.43	−0.43	−0.40	−0.40	−0.49	−0.49
Item-1 (column top above)	−0.72	−0.62	−0.56	−0.93	−1.04	−0.13	−2.20	−2.07
Item-2 Liability	0.31	0.31	0.31	0.31	0.31	0.31	0.32	0.31
Item-3 AD	8.20	8.08	8.07	8.11	8.05	8.15	8.40	8.42
Item-4 Earnings	−3.47	−3.65	−3.63	−3.49	−3.75	−3.54	−3.60	−3.58
Item-5 Growth	0.04	0.03	0.03	0.05	−0.00	0.01	0.02	0.02
Item-6 Beta	0.67	0.70	0.70	0.68	0.69	0.65	0.71	0.70
t-value								
Intercept	−0.76	−0.75	−0.74	−0.74	−0.69	−0.68	−0.84	−0.84
Item-1 (column top above)	−0.46	−0.71	−0.67	−0.54	−0.73	−0.31	−0.90	−0.87
Item-2 Liability	5.22	5.28	5.27	5.23	5.29	5.06	5.34	5.33
Item-3 AD	4.01	3.95	3.93	3.94	3.93	3.91	4.16	4.16
Item-4 Earnings	−2.09	−2.18	−2.17	−2.11	−2.21	−2.09	−2.19	−2.18
Item-5 Growth	0.41	0.38	0.37	0.48	−0.01	0.19	0.28	0.26
Item-6 Beta	1.31	1.37	1.36	1.32	1.36	1.27	1.40	1.38
Sample Number	30	30	30	30	30	30	30	30
Adjusted R2	0.36	0.36	0.36	0.36	0.36	0.36	0.35	0.35

第 6 章　退職給付債務情報の株価形成へのインパクト

2010年3月期決算データを説明変数に使用して，2010年6月末時価総額/自己資本の部の合計を被説明変数とした場合

Item-1	Net	U-RBO	Adj. U-RBO	Reserve	Unregognized	RBO	RB Cost	Benefit
Coeff.								
Intercept	−0.41	−0.41	−0.40	−0.41	−0.37	−0.35	−0.38	−0.38
Item-1 (column top above)	−0.58	−0.44	−0.41	−0.57	−1.46	−0.24	−2.33	−2.54
Item-2 Liability	0.02	0.02	0.02	0.02	0.02	0.02	0.04	0.04
Item-3 AD	23.29	23.14	23.04	23.26	22.33	22.73	22.43	22.39
Item-4 Earnings	−5.15	−5.32	−5.33	−5.17	5.73	−5.39	−5.47	−5.48
Item-5 Growth	−0.13	−0.14	−0.14	−0.13	−0.15	−0.14	−0.14	−0.14
Item-6 Beta	1.22	1.24	1.23	1.22	1.24	1.20	1.21	1.21
t-value								
Intercept	−0.63	−0.63	−0.62	−0.64	−0.57	−0.54	−0.58	−0.58
Item-1 (column top above)	−1.47	−1.52	−1.48	−1.44	−1.45	−1.39	−1.21	−1.21
Item-2 Liability	1.59	1.55	1.54	1.62	1.43	1.62	2.01	2.02
Item-3 AD	3.11	3.10	3.09	3.09	3.01	3.04	2.97	2.97
Item-4 Earnings	−2.99	−3.10	−3.10	−2.99	−3.28	−3.12	−3.13	−3.13
Item-5 Growth	−1.11	−1.15	−1.15	−1.11	−1.29	−1.21	−1.15	−1.13
Item-6 Beta	2.59	2.62	2.60	2.58	2.60	2.54	2.51	2.51
Sample Number	30	30	30	30	30	30	30	30
Adjusted R2	0.44	0.44	0.44	0.43	0.43	0.43	0.42	0.42

2011年3月期決算データを説明変数に使用して，2011年6月末時価総額/自己資本の部の合計を被説明変数とした場合

Item-1	Net	U-RBO	Adj. U-RBO	Reserve	Unregognized	RBO	RB Cost	Benefit
Coeff.								
Intercept	0.17	0.17	0.17	0.17	0.15	0.16	0.15	0.16
Item-1 (column top above)	−0.01	−0.01	−0.01	−0.02	−0.12	−0.02	−0.26	−0.23
Item-2 Liability	0.02	0.02	0.02	0.02	0.03	0.02	0.02	0.02
Item-3 AD	−5.34	−5.20	−5.21	−5.24	−4.89	−4.32	−4.36	−4.76
Item-4 Earnings	−37.77	−37.85	−37.83	−37.77	−38.30	−37.94	−38.74	−38.62
Item-5 Growth	0.02	0.02	0.02	0.02	0.02	0.02	0.02	0.02
Item-6 Beta	0.00	0.00	0.00	0.00	0.01	0.01	0.01	0.01
t-value								
Intercept	1.10	1.07	1.07	1.09	0.88	1.03	0.91	0.93
Item-1 (column top above)	−0.16	−0.19	−0.18	−0.18	−0.30	−0.41	−0.45	−0.35
Item-2 Liability	0.86	0.87	0.86	0.86	0.89	0.92	0.94	0.91
Item-3 AD	−0.95	−0.91	−0.90	−0.91	−0.86	−0.73	−0.77	−0.85
Item-4 Earnings	−5.64	−5.62	−5.62	−5.64	−5.47	−5.68	−5.49	−5.36
Item-5 Growth	2.72	2.71	2.71	2.71	2.69	2.70	2.75	2.75
Item-6 Beta	0.03	0.04	0.04	0.03	0.10	0.08	0.11	0.08
Sample Number	30	30	30	30	30	30	30	30
Adjusted R2	0.81	0.81	0.81	0.81	0.81	0.81	0.81	0.81

[図表6-4b] 退職給付債務情報の時価総額への影響度
：PER 低位30銘柄

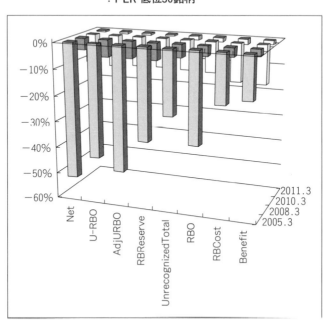

- 2005年，2010年のデータにおいて，退職給付債務情報のすべてが10％超の影響度を示している。2010年においても大きなマイナスの影響度を示しており，仮説と合う結果となった。

③ 2005年から2011年にかけての変遷に係る分析

結果：既出の図表6-3aおよび図表6-3b，図表6-4aおよび図表6-4b参照。

- 時価総額上位30銘柄でみると，2005年では概ね退職給付債務情報の一部の情報は，回帰係数がゼロであるとのNull Hypothesisを両側検定で有意水準0.10にて棄却できるケース（回帰係数は結果として負）で，かつ，大きな影響度をもっていたが，その後（2008年，2010年，2011年）はこうした状況ではなかった。

- 一方，PER低位30銘柄の回帰分析では2005年から2011年まで回帰係数は負であり，より仮説と整合的である。ただし，回帰係数がゼロであるとのNull Hypothesisを両側検定で有意水準0.10にて棄却できるケースは2005年の一部の情報である。

④ 3月末，6月末，9月末および12月末の株価を利用した差異

結果：図表6-5aおよび図表6-5b参照。

- PER低位30銘柄でUnrecognizedのケースをみると，影響度の推移から，2010年は傾向として6月末に瞬時にマイナスの影響が反映されるというよりは，3月末にも影響がすでにあり，9月，12月にかけて影響が徐々に反映された可能性が見てとれる。

[図表6-5a] 3月末～12月末時価を利用した場合の比較：PER 低位30銘柄

株価のベースとなる時期別，PER 低位30銘柄による退職給付債務情報を説明変数に含んだ回帰の結果
$MV_{time}(i)/BV^{BS} = Intercept_{time}^{BS}(i) + \sum_j CoeffItem_{time}^{BS}(j,i) \times Item^{BS}(j,i)$

説明変数としてItem-2からItem-6は以下のLiability, AD, Earnings, Growth, Beta を使用し，Item-1にUnrecognizedTotal の場合で回帰を実施

2005年3月期決算データを説明変数に使用して，2005年の各時点での時価総額/自己資本の部の合計を被説明変数とした場合

Item-1	3月末時価	6月末時価	9月末時価	12月末時価
Coeff.				
Intercept	3.87	1.96	5.96	0.75
Item-1 Unrecognized Total	−13.24	−6.02	−20.71	−25.28
Item-2 Liability	1.65	0.64	2.34	1.81
Item-3 AD	−22.74	−6.76	−13.90	−21.42
Item-4 Earnings	−0.92	−4.30	−5.07	−25.4
Item-5 Growth	−0.06	−0.55	−1.10	−2.49
Item-6 Beta	−3.26	−0.87	−4.70	1.51
t-value				
Intercept	2.08	2.57	2.83	0.18
Item-1 Unrecognized Total	−3.68	−4.08	−5.10	−3.53
Item-2 Liability	7.45	6.99	9.33	4.24
Item-3 AD	−2.94	−2.13	−1.59	−2.40
Item-4 Earnings	−0.22	−2.46	−1.05	−2.17
Item-5 Growth	−0.07	−1.67	−1.22	−1.33
Item-6 Beta	−2.56	−1.65	−3.26	0.69
Sample Number	30	30	30	30
Adjusted R2	0.68	0.64	0.77	0.61

2010年3月期決算データを説明変数に使用して，2010年の各時点の時価総額/自己資本の部の合計を被説明変数とした場合

Item-1	3月末時価	6月末時価	9月末時価	12月末時価
Coeff.				
Intercept	−0.50	−0.37	−0.09	0.29
Item-1 Unrecognized Total	−2.17	−1.46	−1.62	−0.96
Item-2 Liability	0.01	0.02	0.02	0.02
Item-3 AD	31.08	22.33	15.65	6.28
Item-4 Earnings	−0.01	−0.01	−0.01	−7.60
Item-5 Growth	−0.23	−0.15	−0.18	−0.10
Item-6 Beta	1.42	1.24	1.12	0.74
t-value				
Intercept	−0.74	−0.57	−0.14	0.53
Item-1 Unrecognized Total	−2.05	−1.45	−1.55	−0.93
Item-2 Liability	0.65	1.43	1.04	1.41
Item-3 AD	4.00	3.01	2.03	1.27
Item-4 Earnings	−2.77	−3.28	−3.69	−3.95
Item-5 Growth	−1.88	−1.29	−1.48	−0.83
Item-6 Beta	2.86	2.60	2.27	1.73
Sample Number	30	30	30	30
Adjusted R2	0.46	0.43	0.39	0.39

［図表6-5b］　3月末〜12月末時価を利用した場合の影響度の比較
　　　　　　　：PER低位30銘柄

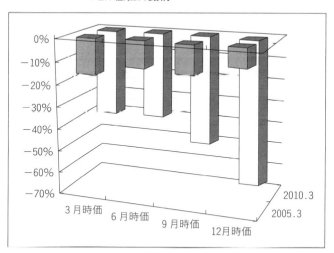

　分析（A-1）をまとめると，Unrecognizedが最も大きなマイナスの影響を与えていると考えられる。これは，クロスセクション分析においていくつかの場合にその回帰係数が負であることが見て取れ，かつ，係数がゼロであるというNull Hypothesisを棄却できる場合が一定程度あったことと，影響度が大きい場合が多数あったことが理由である。こうした傾向がPER低位のサンプルでより強い。これは，それら銘柄は割安株であったり赤字企業であったりするため，よくその財務状況を調査され，退職給付債務情報も注目されるためと考えられる。

　一方，2005年のデータではマイナスの影響が顕著にみられたが，それ以後は影響が薄れているように思われる。近年のリーマンショックや欧州危機等の経済混乱が影響している可能性がある。また，DBの年金制度であっても日本では労使合意による給付減額等が可能であり，減額の実例が現れ，積立不足という情報に対する反応が薄まってしまっている可能性も考えられる。これは後述する分析(B)のDBからDCへの移行の情報の株価へのインパクトが明確でないことの背景とも重なっている可能性がある。加えて，退職給付債務情報の影響は

公表時期である6月に瞬時に反映されているのではなく，Nakajima and Sasaki(2010)において議論されているとおり，決算発表後，リスク調整後リターンが退職給付債務の未認識債務が大きい企業ほど悪い結果であったことにも繋がる可能性がある。

4.2 分析(A-2)について

① サンプル抽出方法による差異

分析(A-1)で「時価総額/自己資本」にUnrecognizedが大きな影響を与えていた点を考慮し，分析(A-2)では退職給付債務情報としてUnrecognizedを取り上げる(以後，同じ)。

結果：図表6-6a，図表6-6b参照。

[図表6-6a] サンプル銘柄の選別方法別，回帰分析結果

各種選別方法で回帰ユニバースを銘柄選別した場合の回帰の結果

$MV_{time}(i)/BV^{BS} = Intercept_{time}^{BS}(i) + \sum_j CoeffItem_{time}^{BS}(j,i) \times Item^{BS}(j,i)$

説明変数としてItem-1はUnrecognizedTotalを使用し，Item-2からItem-6はLiability, AD, Earnings, Growth, Betaを使用

選別方法として，それぞれユニバースのサンプル銘柄の集合が，各種ランキング上位30銘柄の場合で回帰を実施

2010年3月期決算データを説明変数に使用して，2010年6月末時価総額/自己資本の部の合計を被説明変数とした場合

選別方法の種類	時価総額順	Adj U RBO順	PBR低位	PER低位順	Liablity/BV (レバレッジ)高位順
Coeff.					
Intercept	0.53	0.10	0.35	−0.37	0.35
Item-1 Unrecognized Total	0.58	1.36	0.22	−1.46	0.22
Item-2 Liability	0.01	0.12	−0.00	0.02	−0.00
Item-3 AD	8.81	17.97	−0.31	22.33	−0.31
Item-4 Earnings	8.12	9.15	6.59	−5.73	6.59
Item-5 Growth	0.59	0.16	0.00	−0.15	0.00
Item-6 Beta	−0.48	−0.51	−0.20	1.24	−0.20
t-value					
Intercept	1.99	0.29	3.14	−0.57	3.14
Item-1 Unrecognized Total	1.72	2.89	0.35	−1.45	0.35
Item-2 Liability	0.97	1.99	−1.19	1.43	−1.19
Item-3 AD	2.31	1.31	−0.30	3.01	0.00
Item-4 Earnings	4.38	3.06	4.72	−3.28	4.72
Item-5 Growth	1.60	0.74	0.20	−1.29	0.20
Item-6 Beta	−2.32	−2.00	−2.37	2.60	−2.37
Sample Number	30	30	30	30	30
Adjusted R2	0.55	0.71	0.60	0.43	0.60

[図表 6 - 6 b] サンプル銘柄の選別方法別，退職給付債務情報の影響度

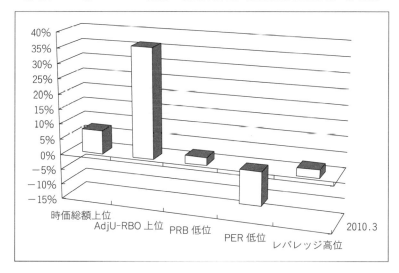

- 2010年データでみて，PER低位30銘柄のグループをサンプルとした分析のみが，回帰係数が合理的と想定される負となった。しかし，回帰係数がゼロであるとのNull Hypothesisを両側検定で有意水準0.10にて棄却できなかった。他のグルーピングのサンプルでは回帰係数が正となってしまった。
- PER低位30銘柄の場合，10%以上の大きさのマイナスの影響度であった。

② サンプル選別におけるランキングの上位下位による差異

サンプル銘柄を全社，時価総額規模上位あるいはPER低位の30社，同100社，当該100社の次の100社，と変えることでそれらの回帰結果の差異を分析した。

(i) 時価総額

結果：図表 6 - 7 a，図表 6 - 7 b 参照。
- 時価総額上位30銘柄サンプルにおいて，2005年のデータで，統計的な有意

[図表6-7a] 時価総額上位下位のサンプル差異による回帰分析結果の差異

時価総額ランキングにサンプル銘柄選別した場合の回帰の結果

$MV_{time}(i)/BV^{BS} = Intercept_{time}^{BS}(i) + \sum_j CoeffItem_{time}^{BS}(j,i) \times Item^{BS}(j,i)$

説明変数としてItem-1はAdj U-RBOを使用し，Item-2からItem-6はLiability, AD, Earnings, Growth, Betaを使用
それぞれサンプル銘柄の集合が，ランキング上位30銘柄，上位100銘柄，上位101位から200位までの銘柄のそれぞれの場合で回帰を実施

2005年3月期決算データを説明変数に使用して，2005年6月末時価総額/自己資本の部の合計を被説明変数とした場合

Universe	Top 30	Top 100	next 100	All Sample
Coeff.				
Intercept	−0.31	1.15	0.21	0.60
Item-1 Unrecognized Total	−3.72	−0.53	0.34	1.38
Item-2 Liability	0.01	0.01	0.01	−0.00
Item-3 Book	13.65	9.48	2.91	1.71
Item-4 Earnings	4.68	0.47	7.50	5.89
Item-5 Growth	5.54	0.26	0.04	0.02
Item-6 Beta	1.01	0.43	0.56	−0.15
t-value				
Intercept	−0.37	3.72	0.91	11.42
Item-1 Unrecognized Total	−2.50	−0.62	1.75	7.87
Item-2 Liability	0.48	0.66	0.54	−1.52
Item-3 Book	1.96	2.41	1.49	4.51
Item-4 Earnings	1.05	0.29	7.82	18.05
Item-5 Growth	3.71	1.10	0.28	1.88
Item-6 Beta	1.68	1.53	2.51	−3.41
Sample Number	30	100	100	1032
Adjusted R2	0.49	0.04	0.48	0.31

時価総額ランキングにサンプル銘柄選別した場合の回帰の結果

$MV_{time}(i)/BV^{BS} = Intercept_{time}^{BS}(i) + \sum_j CoeffItem_{time}^{BS}(j,i) \times Item^{BS}(j,i)$

説明変数としてItem-1はAdj U-RBOを使用し，Item-2からItem-6はLiability, AD, Earnings, Growth, Betaを使用
それぞれサンプル銘柄の集合が，ランキング上位30銘柄，上位100銘柄，上位101位から200位までの銘柄のそれぞれの場合で回帰を実施

2010年3月期決算データを説明変数に使用して，2010年6月末時価総額/自己資本の部の合計を被説明変数とした場合

Universe	Top 30	Top 100	next 100	All Sample
Coeff.				
Intercept	0.69	1.02	0.60	0.60
Item-1 Unrecognized Total	1.07	1.17	3.05	1.38
Item-2 Liability	0.01	−0.00	−0.02	−0.00
Item-3 AD	8.72	6.83	4.75	1.71
Item-4 Earnings	7.91	8.19	10.88	5.89
Item-5 Growth	0.57	0.08	0.43	0.02
Item-6 Beta	−0.60	−0.59	−0.45	−0.15

t-value				
Intercept	2.37	5.79	3.55	11.42
Item-1 Unrecognized Total	1.75	2.01	9.05	7.87
Item-2 Liability	1.00	−0.29	−1.83	−1.52
Item-3 AD	2.29	2.12	1.28	4.51
Item-4 Earnings	4.21	6.38	9.33	18.05
Item-5 Growth	1.52	0.95	2.44	1.88
Item-6 Beta	−2.77	−4.20	−3.67	−3.41
Sample Number	30	100	100	1032
Adjusted R2	0.55	0.41	0.71	0.31

［図表6-7b］ 時価総額上位下位のサンプル差異による
退職給付債務情報の影響度差異

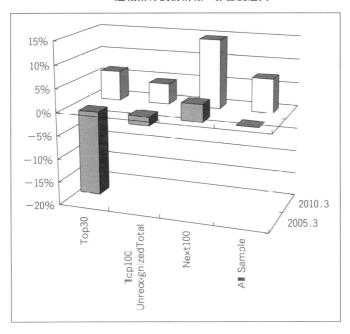

性も高く，退職給付債務情報がマイナスに働く傾向が見られたところだったが，2005年においてサンプルを時価総額上位100銘柄とすると，回帰係数はマイナスではあるものの，統計的有意性は劣るものとなった（Null Hypothesis を棄却できない）。また，2010年では，上位30銘柄，上位100銘柄，その次の100銘柄において，すべて回帰係数は正となった。
- 影響度として10%の大きさ以上でマイナス影響があったものは時価総額上位30銘柄サンプルの場合で2005年のデータの場合のみであった。

(ii) PER ランキング

結果：**図表 6-8 a**，**図表 6-8 b** 参照。

[図表 6-8 a]　サンプルにおける PER 低位度合いによる回帰分析結果の差異

PER ランキングにサンプル銘柄選別した場合の回帰の結果

$$MV_{time}(i)/BV^{BS} = Intercept_{time}^{BS}(i) + \sum_{j} CoeffItem_{time}^{BS}(j, i) \times Item^{BS}(j, i)$$

説明変数として Item-1 は Unrecognized Total を使用し，Item-2 から Item-6 は Liability, AD, Earnings, Growth, Beta を使用

それぞれサンプル銘柄の集合が，ランキング上位30銘柄，上位100銘柄，上位101位から200位までの銘柄のそれぞれの場合で回帰を実施

2005年3月期決算データを説明変数に使用して，2005年6月末時価総額/自己資本の部の合計を被説明変数とした場合

Universe	Top 30	Top 100	next 100	All Sample
Coeff.				
Intercept	1.41	0.59	0.06	0.06
Item-1 Unrecognized Total	−5.14	0.60	0.15	1.38
Item-2 Liability	0.51	0.03	0.00	0.00
Item-3 AD	−5.73	12.95	0.28	1.71
Item-4 Earnings	−9.52	2.53	10.67	5.89
Item-5 Growth	−0.81	−0.07	−0.17	0.02
Item-6 Beta	−0.30	0.15	0.03	−0.15
t-value				
Intercept	1.14	1.21	1.38	11.42
Item-1 Unrecognized Total	−2.38	0.93	1.51	7.87
Item-2 Liability	3.93	1.83	0.50	1.52
Item-3 AD	1.50	0.01	1.12	4.51
Item-4 Earnings	−2.74	2.09	43.91	18.05
Item-5 Growth	−1.44	−0.35	−2.30	1.88
Item-6 Beta	−0.46	0.38	0.74	−3.41
Sample Number	30	100	100	1032
Adjusted R2	0.82	0.53	0.96	0.31

第6章 退職給付債務情報の株価形成へのインパクト 109

2010年3月期決算データを説明変数に使用して，2010年6月末時価総額/自己資本の部の合計を被説明変数とした場合

Universe	Top 30	Top 100	next 100	All Sample
Coeff.				
Intercept	−0.37	0.64	−0.00	0.60
Item-1 Unrecognized Total	−1.46	0.11	0.00	1.38
Item-2 Liability	0.02	0.02	−0.00	−0.00
Item-3 AD	22.33	0.58	0.37	1.71
Item-4 Earnings	−5.73	−0.76	8.07	5.89
Item-5 Growth	−0.15	0.06	0.00	0.02
Item-6 Beta	1.24	0.13	0.03	−0.15
t-value				
Intercept	−0.57	2.44	−0.00	11.42
Item-1 Unrecognized Total	−1.45	0.17	0.04	7.87
Item-2 Liability	1.43	1.99	−0.70	−1.52
Item-3 AD	3.01	0.60	1.56	4.51
Item-4 Earnings	−3.28	−0.82	54.09	18.05
Item-5 Growth	−1.29	0.70	0.05	1.88
Item-6 Beta	2.60	0.57	1.16	−3.41
Sample Number	30	100	100	1032
Adjusted R2	0.43	0.02	0.97	0.31

［図表6-8b］ サンプルにおけるPER低位度合いによる
退職給付債務情報の影響度差異

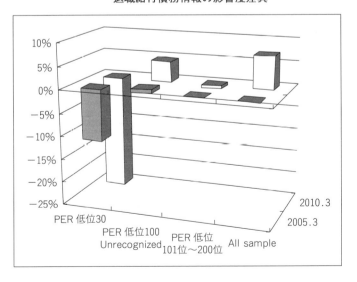

[図表 6-9] DB から DC への移行

25営業日累積								
アナウンス日と以後の合計25日間超過リターン和		1.27%	-12.09%	0.40%	-7.28%	-13.53%	0.71%	-2.60%	-4.29%
t-value		0.03	(0.52)	0.05	(0.14)	(0.75)	0.04	(0.11)	(0.20)

単日									
アナウンス日		5/29/2001	9/30/2002	3/10/2004	3/23/2004	3/24/2004	1/5/2005	1/25/2006	9/27/2006
足元決算への影響数字(●プラス, ×マイナス)		不明	不明	不明	不明	不明	不明	不明	不明
コード		9984	2811	9506	7984	6371	8179	5101	9501
会社名		ソフトバンク	カゴメ	東北電力	コクヨ	椿本チェイン	ロイヤル	横浜ゴム	東京電力
	-24	0.28	0.02	0.09	(0.07)	(0.18)	0.22	0.09	(0.12)
	-23	(0.35)	0.29	0.03	(0.17)	0.15	(0.27)	0.42	0.23
	-22	0.08	(0.03)	(0.38)	(0.15)	0.44	0.18	0.17	0.02
	-21	(0.03)	0.07	(0.26)	(0.01)	(0.04)	(0.25)	0.08	0.13
	-20	(0.17)	(0.04)	0.55	(0.06)	0.17	0.19	0.07	0.14
	-19	0.19	(0.04)	(0.25)	0.01	(0.19)	0.38	(0.04)	0.10
	-18	(0.08)	(0.07)	0.01	0.25	(0.07)	0.00	(0.11)	(0.12)
	-17	0.52	(0.15)	0.06	0.32	(0.18)	0.05	0.16	(0.16)
	-16	(0.05)	0.34	0.14	(0.43)	(0.10)	(0.01)	(0.03)	0.51
	-15	(0.00)	0.10	(0.02)	(0.03)	(0.12)	(0.14)	0.07	(0.03)
	-14	(0.09)	0.14	0.02	(0.05)	0.08	0.17	(0.07)	(0.19)
	-13	0.23	(0.09)	(0.13)	(0.05)	0.25	(0.21)	(0.18)	0.16
	-12	0.14	(0.06)	(0.10)	0.31	(0.22)	(0.14)	(0.28)	0.16
	-11	(0.17)	(0.46)	(0.03)	0.04	(0.22)	(0.22)	0.21	(0.13)
	-10	0.14	0.12	0.11	0.28	0.08	0.17	(0.37)	0.32
	-9	(0.10)	(0.53)	0.26	(0.20)	(0.14)	(0.03)	(0.27)	(0.02)
	-8	(0.36)	0.05	0.34	0.46	0.02	0.17	0.31	(0.00)
	-7	(0.08)	0.13	(0.28)	0.01	0.20	0.20	(0.14)	0.04
	-6	0.09	0.04	(0.08)	0.06	(0.25)	0.25	0.10	(0.11)
	-5	0.17	(0.01)	(0.02)	(0.26)	0.12	(0.30)	(0.37)	0.07
	-4	0.03	0.38	(0.11)	(0.10)	0.05	(0.12)	(0.13)	(0.20)
	-3	0.00	0.01	(0.06)	(0.25)	(0.02)	(0.38)	0.17	(0.19)
	-2	(0.05)	0.02	0.22	0.10	0.47	(0.09)	0.20	(0.08)
	-1	(0.35)	(0.23)	(0.10)	(0.00)	(0.30)	0.16	(0.04)	(0.52)
アナウンス日		(0.23)	(0.57)	0.57	(0.37)	(0.26)	(0.46)	0.00	(0.01)
	1	0.24	0.24	(0.12)	0.20	0.44	0.06	0.07	0.40
	2	0.15	0.08	0.73	0.32	(0.43)	(0.21)	(0.13)	(0.12)
	3	(0.25)	0.03	(0.65)	(0.04)	(0.58)	(0.22)	0.13	(0.21)
	4	(0.10)	0.26	0.42	0.09	(0.33)	0.02	(0.35)	0.10
	5	0.30	0.25	0.39	(0.16)	0.02	(0.05)	(0.08)	0.07
	6	(0.19)	0.12	(0.47)	(0.23)	(0.23)	(0.17)	0.06	(0.17)
	7	0.36	(0.01)	0.63	0.08	(0.22)	0.43	0.12	(0.34)
	8	0.33	0.31	0.67	(0.05)	(0.62)	0.58	(0.11)	(0.16)
	9	(0.11)	(0.25)	(0.15)	(0.00)	(0.07)	(0.33)	(0.14)	(0.50)
	10	0.06	0.03	(0.52)	(0.07)	0.53	0.07	0.15	0.33
	11	0.39	0.21	(0.27)	(0.17)	(0.53)	(0.03)	0.68	(0.20)
	12	(0.21)	0.25	(0.89)	0.21	0.23	(0.33)	(0.03)	0.06
	13	(0.45)	(0.08)	0.42	(0.23)	0.46	0.40	0.18	0.32
	14	(0.29)	(0.39)	0.08	0.12	(0.13)	0.09	(0.24)	(0.17)
	15	(0.15)	(1.23)	0.07	(0.08)	(0.10)	(0.02)	0.22	0.08
	16	(0.11)	(0.21)	0.16	0.03	(0.11)	0.11	(0.36)	(0.16)
	17	0.70	0.35	0.25	(0.41)	(0.33)	0.01	(0.29)	(0.15)
	18	(0.17)	(0.18)	(0.58)	0.04	(0.56)	0.36	0.27	(0.04)
	19	0.14	0.18	(0.34)	(0.07)	(0.66)	0.12	(0.04)	(0.01)
	20	0.17	(0.20)	0.59	(0.04)	0.22	0.36	0.21	(0.28)
	21	0.20	(0.59)	(0.51)	(0.09)	0.10	(0.10)	(0.12)	(0.29)
	22	(0.14)	(0.29)	0.31	0.06	(0.41)	(0.10)	(0.26)	0.23
	23	(0.44)	(0.28)	(0.08)	0.12	(0.38)	(0.05)	(0.08)	0.22
	24	(0.03)	(0.78)	(0.49)	0.01	0.06	0.14	(0.01)	(0.06)

(残差リターンの t-value の推移。各アナウンス日を 0 で表示し，-2，-1 や 1，2 の表記は，前後の営業日

アナウンスの株価へのインパクト

-12.84%	0.76%	4.38%	9.29%	-12.29%	4.41%	-4.17%	-4.42%	2.24%	-10.44%	4.25%	6.63%
(0.28)	0.22	0.08	0.49	(0.20)	0.07	(0.09)	(0.07)	0.06	(0.35)	0.16	0.27
1/26/2007	1/30/2009	1/29/2010	6/25/2010	5/9/2011	5/11/2011	4/2/2012	10/1/2012	5/10/2013	12/2/2013	12/13/2013	4/2/2014
●	不明	●	×	不明	不明	不明	不明	不明	不明	不明	不明
6704	8005	1911	9742	6756	6773	6758	3401	6752	5932	9432	7282
岩崎通信機	旧ムトウ(現スクロール)	住友林業	アイネス	日立国際	パイオニア	ソニー	帝人	パナソニック	三協立山	NTT	豊田合成
(0.13)	0.35	(0.10)	0.09	0.21	0.35	0.14	(0.04)	(0.32)	0.02	0.31	0.12
(0.14)	0.18	0.21	(0.15)	0.06	0.27	0.08	(0.20)	(0.02)	0.08	0.19	0.11
(0.13)	(0.23)	(0.01)	(0.30)	(0.03)	(0.04)	(0.14)	0.09	(0.59)	(0.24)	(0.17)	0.26
(0.17)	0.02	(0.13)	(0.14)	0.08	(0.24)	0.18	(0.13)	0.25	0.05	0.02	(0.02)
0.79	0.06	0.21	(0.20)	(0.25)	(0.40)	(0.08)	(0.27)	0.31	0.30	(0.20)	(0.12)
(0.11)	0.09	(0.44)	(0.10)	(0.27)	(0.08)	(0.22)	(0.09)	0.05	(0.37)	0.06	(0.18)
(0.06)	(0.11)	0.52	0.03	(0.10)	(0.25)	0.10	0.16	0.35	(0.02)	(0.18)	0.18
(0.07)	(0.24)	(0.17)	0.10	0.08	(0.02)	(0.09)	(0.20)	(0.22)	(0.23)	(0.05)	(0.42)
(0.15)	0.05	0.27	(0.22)	(0.36)	0.04	(0.59)	(0.17)	0.15	(0.03)	(0.10)	(0.21)
0.11	0.03	0.02	0.10	0.63	0.40	0.48	0.34	0.12	(0.04)	(0.43)	0.16
(0.10)	0.05	(0.05)	0.03	0.11	(0.13)	0.11	0.09	0.06	(0.15)	0.16	
0.21	(0.16)	0.05	(0.11)	0.19	(0.25)	(0.10)	(0.08)	(0.04)	(0.25)	0.13	0.00
(0.02)	(0.16)	0.22	0.53	0.18	0.23	0.27	(0.03)	0.19	0.38	(0.33)	0.12
(0.01)	(0.33)	(0.23)	0.16	(0.38)	0.04	0.09	0.32	(0.00)	(0.04)	0.12	(0.09)
(0.02)	(0.19)	(0.15)	0.32	(0.04)	0.01	(0.01)	0.38	(0.06)	0.29	(0.05)	0.34
0.29	0.59	0.09	(0.23)	(0.08)	0.38	(0.14)	(0.20)	(0.03)	(0.22)	0.27	0.12
0.04	0.16	(0.09)	(0.06)	0.03	(0.15)	(0.17)	0.15	0.02	0.27	(0.19)	(0.30)
(0.21)	(0.12)	(0.20)	0.20	0.04	(0.03)	(0.03)	(0.29)	(0.20)	(0.10)	(0.01)	(0.11)
(0.07)	(0.16)	(0.07)	0.12	0.02	(0.13)	(0.07)	(0.01)	0.05	(0.11)	0.11	(0.18)
0.16	(0.08)	(0.05)	0.21	(0.01)	0.03	(0.15)	(0.24)	(0.10)	0.26	(0.13)	0.33
(0.10)	0.22	(0.15)	0.20	(0.06)	(0.04)	(0.16)	0.35	0.06	0.31	0.18	(0.05)
(0.07)	(0.17)	0.21	(0.10)	(0.02)	(0.12)	0.21	0.09	0.12	(0.15)	0.04	(0.03)
(0.12)	0.07	0.18	(0.26)	0.08	0.10	0.10	0.13	0.17	(0.17)	0.11	0.16
0.06	0.08	(0.17)	(0.22)	0.09	0.05	(0.11)	(0.16)	(0.19)	(0.05)	0.46	(0.36)
(0.28)	(0.08)	(0.35)	(0.20)	(0.20)	(0.04)	0.02	(0.25)	0.24	(0.21)	(0.51)	(0.00)
(0.18)	(2.11)	0.32	(0.03)	0.33	0.61	0.08	(0.06)	0.58	0.13	0.54	(0.28)
(0.19)	0.72	(0.08)	0.15	(0.29)	(0.08)	0.08	(0.02)	0.84	(0.51)	(0.16)	0.78
(0.18)	(0.10)	(0.23)	0.42	(0.01)	(0.01)	0.17	0.05	0.40	0.09	(0.28)	0.27
0.07	0.21	(0.03)	(0.53)	0.23	(0.05)	(0.02)	0.17	(0.11)	(0.52)	0.31	0.16
(0.02)	(0.66)	0.29	0.29	0.01	0.10	0.43	(0.17)	(0.08)	(0.03)	(0.03)	0.02
0.04	(0.18)	0.16	0.57	(0.24)	0.16	(0.40)	(0.26)	0.46	(0.34)	(0.24)	0.10
0.22	1.25	0.04	0.57	(0.34)	(0.07)	(0.22)	0.00	0.03	(0.04)	(0.11)	(0.05)
0.19	0.44	0.04	(0.13)	(0.05)	0.04	0.00	0.05	0.19	(0.17)	0.22	(0.08)
(0.11)	(0.33)	0.24	0.20	(0.18)	0.03	(0.74)	0.13	(0.37)	0.03	0.27	(0.05)
0.04	(0.50)	(0.14)	(0.20)	(0.31)	(0.23)	0.26	0.25	0.22	0.31	0.59	(0.13)
(0.07)	(0.09)	0.20	0.47	(0.40)	0.08	(0.17)	0.07	(0.56)	(0.22)	(0.06)	(0.03)
(0.06)	0.54	(0.06)	0.02	(0.36)	(0.07)	(0.45)	0.02	(0.15)	0.33	(0.27)	0.33
(0.07)	0.41	(0.07)	(0.09)	(0.24)	0.07	0.01	(0.06)	0.02	0.09	0.58	0.24
(0.17)	0.50	0.04	(0.41)	0.01	0.03	0.03	(0.00)	(0.29)	(0.08)	(0.08)	0.07
(0.10)	0.12	0.16	(0.13)	(0.16)	(0.01)	0.04	0.01	(0.18)	(0.26)	0.18	0.30
0.02	0.35	(0.12)	(0.54)	(0.16)	0.02	0.00	(0.17)	(0.07)	0.02	(0.21)	0.22
(0.06)	0.37	(0.05)	0.96	(0.12)	(0.19)	(0.13)	0.24	(0.17)	(0.11)	(0.08)	0.26
(0.18)	(0.12)	0.00	0.33	(0.06)	(0.09)	0.07	(0.31)	(0.24)	(0.27)	0.26	(0.14)
0.02	0.01	(0.12)	(0.01)	(0.11)	0.07	0.04	0.10	(0.03)	(0.32)	0.78	(0.30)
(0.35)	0.04	0.14	(0.56)	(0.17)	(0.15)	0.03	(0.08)	(0.39)	0.63	0.09	(0.38)
0.11	0.12	0.01	0.30	0.00	0.04	(0.00)	0.15	0.17	(0.35)	(0.17)	0.04
(0.10)	(0.34)	0.10	0.27	(0.11)	0.01	0.08	0.13	(0.21)	(0.14)	(0.07)	(0.19)
0.16	(0.25)	0.05	0.77	0.11	(0.04)	(0.42)	0.28	0.14	(0.07)	0.18	
(0.20)	(0.21)	(0.03)	0.75	(0.32)	0.00	0.36	0.10	(0.26)	1.09	(0.10)	0.05

を日が進むごと日数を表示したもの。なお,最上行は累積した場合の数値。)

- PER 低位30銘柄サンプルにおいて，2005年，2010年とも，退職給付債務情報がマイナスに働く傾向が見られたところだったが，2005年，2010年ともにおいて，サンプルを低位100銘柄，その次の100銘柄とすると，回帰係数は正となってしまった。
- PER 低位30銘柄サンプルの場合で，2005年および2010年のデータの両方において，影響度は10％の大きさ以上のマイナスであった。

分析（A-2）をまとめると，PER 低位30銘柄に対しては，2005年から20010年にわたり，Unrecognized がマイナスの影響を一定程度の影響度で与えてきている。

4.3 分析(B)について

DB から DC への移行をアナウンスした会社において，アナウンスは直後の株価にインパクトを与えているかについて，前頁の**図表6-9**の結果を得た。当該移行を決算発表時以外でアナウンスした20の企業サンプルで分析したところ，1つの例外（旧ムトウの翌日のリターン）を除き，残差がゼロであるとの Null Hypothesis を両側検定で有意水準0.10で棄却できなかった（t-value が日々個々，大きさが所定の大きさに満たない）ことに鑑みると，こうした情報が株価にインパクトを与えていない可能性がある。また，財政上の影響についての公表の有無も関連がなかった。

DB から DC に移行する内容自体は，企業の将来の追加拠出のリスク（キャッシュフローの棄損の可能性）がなくなる意味で株価にプラスのはずだが，DB であっても日本では労使合意による退職給付債務減額等が可能であり，実例もでてきており，そうした理解が進むにつれ株価への影響がなくなってしまったことが考えられる。

まとめと今後の課題

　退職給付債務情報を説明変数として，株価にどのような影響を与えているか，時価総額/自己資本を被説明変数として，クロスセクション分析を行った。具体的には，2005～2011年の東証一部3月決算上場企業連結データを用いた。その結果は以下のとおりであった。
① 　これまで損益計算書で直接は認識されていなかった未認識退職給付債務が，今後，IFRSへのコンバージェンスにより認識されることとなる。そのような状況では，「時価総額/自己資本」にマイナスの影響を与えると予想された。結果は一定程度のマイナスの影響はあったと考える。
② 　PER低位30社だけを取り出したサンプルで分析を実施したところ，未認識退職給付債務の時価総額/自己資本へのマイナスの影響がより顕著であった。

　また，決算発表以外のタイミングでDBをDCに移行するとアナウンスした企業に限定して公表時の株価へのインパクトを分析したところ，影響はほとんどなかった。
　退職給付債務情報が時価総額に与える影響はリーマンショックなどの金融危機などにより相対的に薄れてしまった可能性がある。また，そもそもDBも日本では労使合意等による退職給付債務減額等が比較的容易であり，実際に実例ができてきているなか，株価への影響が小さくなったとも考えられる。
　今後の課題としては，そもそも何を説明変数として回帰するのかというモデルの妥当性の検討，市場環境や年金制度動向などの外部要因が時価総額に影響するなか，退職給付債務情報の影響をいかに適正に抽出するかという手法の改善があげられる。

[Appendix F]

(退職給付債務に係る開示項目)

本論文で使用した省略形等	日本における用語
RBO, Retirement Benefit Obligations	退職給付債務
Fair Value of Plan Assets	年金資産
U-RBO, Unfunded Retirement Benefit Obligations	未積立退職給付債務
Unrecognized (Total) は以下の3つ①～③の合計	
① Unrecognized Accumulated Effect of Change in Accounting Standards and Others	会計基準変更時差異の未処理額等
② Unrecognized Actuarial Loss	未認識数理計算上の差異
③ Unrecognized Prior Service Cost	未認識過去勤務債務
Net は以下の略	
Net Pension Liability Recognized in the Balance Sheet	貸借対照表計上額純額
Prepaid Pension and Severance Cost	前払年金費用
Reserve, Retirement Benefit Reserve	退職給付引当金
RB-Cost は以下の5つ①～⑤の合計	
① Service Cost	勤務費用
② Interest Cost	利息費用
③ Amortization of Accumulated Effect of Change in Accounting Standards and Others	会計基準変更時差異の費用処理額等
④ Amortization of Actuarial Loss	数理計算上の差異の処理額
⑤ Amortization of Prior Service Cost	過去勤務債務の費用処理額
その他	
Expected return on plan assets	期待運用収益
Benefit, Retirement Benefit Cost	退職給付費用
Discount rate	割引率

(貸借対照表関連定義)

退職給付債務－年金資産＝未積立退職給付債務
未積立退職給付債務－未認識退職給付債務＝連結貸借対照表計上額純額
連結貸借対照表計上額純額＋前払年金費用＝退職給付引当金

第7章

退職給付債務情報を使った
リスクファクターによる分析

Summary 退職給付債務情報を使った（リスク）ファクターを組成し，株式リターンや日本株式アクティブ運用戦略リターンに対する説明力を検証するため，時系列回帰分析を実施した。ファクターとして，未認識退職給付債務の小さいグループと，大きいグループとのリターンの差との定義を採用したが，未認識退職給付債務の小さいグループの株式リターンが，大きいグループの株式リターンよりも高いわけではないことが明らかとなった。また，当該ファクターによる個別株式リターンや日本株式アクティブ運用戦略のリターンの説明力を検証したが，個別株式リターンよりも日本株式アクティブ運用戦略のリターンに対して相対的に大きな説明力を有した。

1 イントロダクション

株式リターンへの退職給付債務情報の影響を分析した最近の代表的な文献として，1980～2002年の米国ニューヨーク市場上場企業の株式リターンデータを用いた Franzoni and Marin（2006）がある。株式市場が効率的で株価が積立状況を反映しているとすれば，Bulow et al.（1987）が指摘するように，株価にすぐに情報が反映され，それ以降，積立状態に差があるグループ間で株式リターン差は出ないこととなる。

しかし，Franzoni and Marin(2006)は，積立水準が大きいか積立超過となっ

ているグループと積立水準が小さい積立不足グループとのリターン差が有意にプラスであり，そうした効率性が成立していないことを示した。この結果は，積立不足情報がすぐにすべては株価に反映されず，将来において，企業のキャッシュフローが積立不足解消に利用されるにつれて，徐々にその悪影響が株価リターンに反映されたと解釈し得る。

一方，日本企業については，Hoshino and Hayashi（2002）が退職給付会計導入当時の2000年3月期決算の積立不足情報が時価総額にマイナスの影響を与えたとする一方，Nakajima and Sasaki（2010）は2001～2003年度の積立不足が大きいグループほど，株式市場全体の動きとリスクを調整したその後の1年間のリターンが芳しくなかったとしている。この2つの実証研究は，積立不足情報の影響はマイナスなものの，決算公表時点で株価にすぐにすべて反映されず，その後に株価が反応したため，リターンが芳しくなかったと解釈し得る。

しかしながら，最近の株式リターンに関して，柳瀬・後藤(2011)は2001～2010年のデータを用いて，マイナスの影響が見られないという報告を行っている。理由として，株価に退職給付債務情報が瞬時に反映されるようになったか，あるいは退職給付債務情報の株価への影響が限定的になってきていることなどが考えられるが，第6章の結果から前者とは考え難く，後者の視点[1]に鑑み，退職給付債務情報を使った（リスク）ファクターを導入し，当該ファクターの特徴や当該ファクターの個別株式リターンに対する説明力について検証する（以上，「分析C」）。

一般に（リスク）ファクターに関して，Cochrane（2011，pp.1086-1087）は以下のように述べている。

> In the 1970 view, there is one source of systematic risk, the market index. Active management chases "alpha," which means uncovering assets whose prices do not reflect available information.
>
> Now we have dozens of dimensions of systematic risks.

---

[1] 第6章の議論と同様，日本で年金受給権の脆弱なこと等が背景として指摘されている（後述）。

（中略）

I tried telling a hedge fund manager, "You don't have alpha. Your returns can be replicated with a value-growth, momentum, currency and term carry, and short-vol strategy." He said, "Exotic beta' is my alpha. I understand those systematic factors and know how to trade them. My clients don't." He has a point. How many investors have even thought through their exposures to carry-trade or short-volatility "systematic risks," let alone have the ability to program computers to execute such strategies as "passive," mechanical investments？ To an investor who has not heard of it and holds the market index, a new factor is alpha. And that alpha has nothing to do with informational inefficiency.

Most active management and performance evaluation today just is not well described by the alpha-beta, information-systematic, selection-style split anymore. There is no "alpha." There is just beta you understand and beta you do not understand, and beta you are positioned to buy versus beta you are already exposed to and should sell.

要するに，個別株式のリターンを決める要因については，我々の知っているリスクファクターとそれ以外の部分が存在し，後者はアルファと呼ばれているけれども，それは我々がまだすべてのファクターを見出していないだけであるというものである。これを踏まえつつ，資産運用のプロが行う日本株式アクティブ運用戦略においは，運用者がすでに当該ファクターを見出していて，運用戦略のリターンを検証すれば，当該ファクターが一定の説明力があるのではないかと考え，これについても検証を行う。

分析(C)：退職給付債務ファクターに係るリサーチデザインとデータ

2.1 方　　法

　まず，退職給付債務情報に係るファクターを作成する。第6章の分析(A)で2005年において，株価への影響度が最も強くみられた情報は未認識退職給付債務であった。ただし，2008年以後そうした影響は薄れている。そうであれば，その後に未認識退職給付債務がキャッシュフローに与える影響が，その後の株式リターンが見劣りすることで表面化することが考えられる。そこで未認識退職給付債務（自己資本で規格化）の大小で企業をグルーピングし，各グループの全体としての株式リターン動向をみることでファクターが組成できる。

　たとえば2008年3月期の決算を使用して2008年6月末時点でグルーピングし，2009年6月末までグループ構成を維持し，各企業の株価リターンを時価総額ウェイトで加重平均してグループとしての株式リターンを計算する。次の決算2009年3月期のデータによりグループの構成銘柄リバランスを2009年6月末に実施して，当該新しいグループとしての2010年6月末までの株式リターンを計算していく。こうして組成したグループとしてのリターンに関し，未認識退職給付債務が小さいグループの株式リターンから，未認識退職給付債務が大きいグループの株式リターンを引いた差を考え，これを積立不足ファクターと定義した。

　これを利用し，Fama and French（1993）による，市場ファクター，Smallファクター，Valueファクターに加え，Cahart（1997）によるMomentumファクターを考慮したファクターモデルに，積立不足ファクターをさらに加えた5ファクターモデルを考え，個別株式リターンや日本株式アクティブ運用戦略の公開データのリターンを分析する。

リターンを説明するファクターモデルは以下である。なお，当該分析期間における短期金利はほとんどゼロであることから，リスクフリーレートはゼロとして分析を実施している。

$$\mathrm{Return}_{time}(i) = Intercept_{time}(i) + \sum_j CoeffItem(j, i) \times Factor\,\mathrm{Return}_{time}(j)$$

Return：個別株式または日本株式アクティブ運用戦略月次リターン。
$time$：月次リターンの時点。2008年7月‐2014年6月。
i：第6章の対象企業から，過去データがそろう781企業。
$Intercept$（略記の場合 a）：回帰での切片。
$CoeffItem(j, i)$：下記説明変数に対する回帰係数。
j：説明変数（$Item$）は以下のとおりで，j=①〜⑤とする。
　① 株式市場全体の指数リターン（Mkt）。MSCI Japan IMI（Large＋Mid＋Small Cap）指数使用。
　② 「中小型株指数リターン‐大型株指数リターン」（Fama‐French の SML）。MSCI Japan Mid and Small Cap と MSCI Japan Large Cap の両指数をそれぞれ使用。
　③ 「バリュー株指数リターン‐グロース指数リターン」（Fama‐French の HML）。MSCI Japan Large Cap Value と MSCI Japan Large Cap Growth の両指数をそれぞれ使用。
　④ MSCI Japan（Large＋Mid＋Small Cap）Momentum 指数（Cahart の Momentum の代用，略記の場合 Mom）のリターンを使用。
　⑤ 積立不足ファクターリターン（UR/BV）。未認識退職給付債務を自己資本で規格化し，その大きさにより大きさの小さいランキングを作成し，上位下位2グループに分けて上位グループから下位グループを引く。上位下位の2グループに分けた場合と，5分位5グループに分けた場合（差は第一5分位から第五5分位を引く）とを用意した。

2.2　データ

分析(A)で使用した1,032社から，合併等がなく，2008年3月末〜2013年3月末の株価等が流動性を伴い形成され，2008年6月末から2014年6月末まで分析可能な状況の781企業を対象とした。

また，日本株式アクティブ運用戦略については，公開データを利用し，上記の期間の実績データがある80戦略を対象とする。

2.3 検証する内容

> **分析（C-1）** 積立不足ファクターのリターンを分析し，未認識退職給付債務の大きさが小さい企業グループのほうが未認識退職給付債務の大きさが大きい企業グループに比して株式リターンが良好か否か分析する。

> **分析（C-2）** 積立不足ファクターは個別株式リターンをどのくらい説明するか，Fama-Frenchの市場ファクター，Smallファクター，Valueファクターに加え，CahartによるMomentumファクターを考慮したファクターモデルに，積立不足ファクターを加えた5ファクターモデルで分析する。

> **分析（C-3）** 積立不足ファクターは日本株式アクティブ運用戦略のリターンをどのくらい説明するか，上記と同じく5ファクターモデルで分析する。

仮説は，積立不足ファクターは，正のリターンとなって，未認識退職給付債務の大きさが小さい企業グループのほうが未認識退職給付債務の大きさが大きい企業グループに比して株式リターンが良好で，また，個別株式リターンや日本株式アクティブ運用戦略のリターンを既述の5ファクターモデルで分析すると，積立不足ファクターがそれらのリターンやパフォーマンスの動きをよく捉え説明する可能性があるというものである。

第 7 章　退職給付債務情報を使ったリスクファクターによる分析　123

3　分析・検証結果

3.1　分析（C-1）

　図表 7-1 は，上位グループ（Smaller UR，未認識退職給付債務の大きさが小さいグループ）の株式リターンと，下位グループ（Large UR，未認識退職給付債務の大きさが大きいグループ）の株式リターン（2 グループ化した場合）を比較したもので，上位グループが下位グループに劣るという結果がみてとれる（6 年間の累積リターンの場合）。

[図表 7-1]　2 グループによる積立不足ファクターの動向

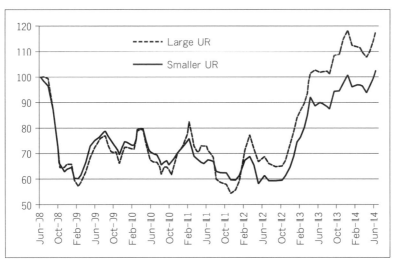

（2008 年 6 月末＝100 としてグループの株価推移を指数化。期間：2008 年 6 月末～2014 年 6 月末。）[2]

---

[2]　Large UR 年率リターン 2.72％，年率変動率 24.66％，比率 0.11，Smaller UR 年率リターン 0.38％，年率変動率 19.44％，比率 0.02，平均の差÷変動率 2 乗和の平方根＝－0.07。

また，5グループ化した場合，**図表7-2**によると，未認識退職給付債務が最も小さい第一5分位が，サンプル全体・株式市場全体のリターンに最も劣る結

[図表7-2] 5グループによる未認識退職給付債務ファクターの動向

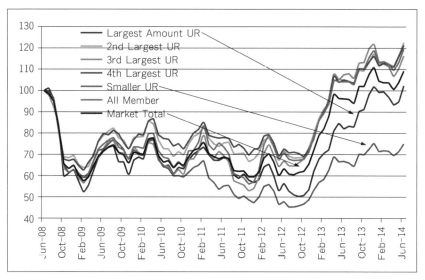

リターンの差÷変動率2乗和の平方根	Largest Amount UR	2nd Largest UR	3rd Largest UR	4th Largest UR	Smaller UR	All Member	Market Total
Largest Amount UR	—	−0.10	−0.06	−0.09	0.15	−0.08	−0.03
2nd Largest UR	0.10	—	0.03	0.01	0.29	0.01	0.07
3rd Largest UR	0.06	−0.03	—	−0.02	0.22	−0.01	0.03
4th Largest UR	0.09	−0.01	0.02	—	0.28	0.01	0.06
Smaller UR	−0.15	−0.29	−0.22	−0.28	—	−0.24	−0.21
All Member	0.08	−0.01	0.01	−0.01	0.24	—	0.05
Market Total	0.03	−0.07	−0.03	−0.06	0.21	−0.05	—

（2008年6月末＝100としてグループの株価を指数化。Largest Amount UR，2nd Largest UR，3rd Largest UR，4th Largest UR，Smaller URの順に未認識退職給付債務の大きさの大きなグループ。All Memberはサンプル全体，Market TotalはMSCI Japan IMI指数（市場全体）。期間：2008年6月末〜2014年6月末。）[3]

果となった。なお，第二，第三および第四5分位の株式リターンはサンプル全体・株式市場全体のリターンとほぼ同程度であった。そして，第五5分位がサンプル全体・株式市場全体のリターンに劣る点に限っていえば仮説と整合的である。なお，積立不足ファクターとして使用する，「第一5分位の株式リターン」－「第五5分位の株式リターン」はマイナスである（6年間の累積リターンの場合）。

以上から，未認識退職給付債務の大きさが小さい企業のグループの株式リターンは，未認識退職給付債務の大きさが大きい企業のグループの株式リターンに勝らず，上記過去データではむしろ劣るという結果となった。ただし，それを前提に，積立不足ファクターを作成する。

次に，積立不足ファクターに，既存のファクターのバイアスや業種の偏りが

[図表7-3] 各ファクター指数等の相関係数

相関係数	Large UR*1	Smaller UR*2	*1-*2	市場指数	中小型株指数*3	大型株指数*4	SML (*3-*4)	バリュー株指数*5	グロース株指数*6	HML (*5-*6)	Momentum指数
Large UR*1	1.00	0.91	0.65	0.93	0.89	0.93	(0.31)	0.93	0.91	(0.12)	0.84
Smaller UR*2	0.91	1.00	0.28	0.98	0.95	0.98	(0.29)	0.98	0.96	(0.12)	0.90
*1-*2	0.65	0.28	1.00	0.36	0.33	0.37	(0.20)	0.37	0.36	(0.07)	0.31
市場指数	0.93	0.98	0.36	1.00	0.97	1.00	(0.26)	0.99	0.99	(0.19)	0.93
中小型株指数*3	0.89	0.95	0.33	0.97	1.00	0.95	(0.03)	0.95	0.95	(0.20)	0.91
大型株指数*4	0.93	0.98	0.37	1.00	0.95	1.00	(0.36)	0.99	0.99	(0.18)	0.92
SML (*3-*4)	(0.31)	(0.29)	(0.20)	(0.26)	(0.03)	(0.36)	1.00	(0.31)	(0.29)	(0.02)	(0.21)
バリュー株指数*5	0.93	0.98	0.37	0.99	0.95	0.99	(0.31)	1.00	0.95	(0.03)	0.88
グロース株指数*6	0.91	0.96	0.36	0.99	0.95	0.99	(0.29)	0.95	1.00	(0.34)	0.95
HML (*5-*6)	(0.12)	(0.12)	(0.07)	(0.19)	(0.20)	(0.18)	(0.02)	(0.03)	(0.34)	1.00	(0.40)
Momentum指数	0.84	0.90	0.31	0.93	0.91	0.92	(0.21)	0.88	0.95	(0.40)	1.00

(2008年7月～2014年6月の月次リターンによる。)

3　Largest Amount UR 年率リターン0.38%，年率変動率25.92%，比率0.01
　　2nd Largest UR 年率リターン3.46%，年率変動率19.00%，比率0.18
　　3rd Largest UR 年率リターン2.55%，年率変動率24.52%，比率0.10
　　4th Largest UR 年率リターン3.28%，年率変動率18.71%，比率0.18
　　Smaller UR 年率リターン－4.69%，年率変動率21.11%，比率－0.22
　　All Member 年率リターン3.03%，年率変動率23.62%，比率0.13
　　Market Total 年率リターン1.47%，年率変動率20.75%，比率0.07

[図表7-4] 2グループ化の場合の，各グループの業種分布

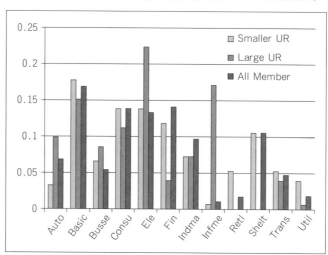

(All Member：サンプル全体。横軸は業種分類で，Auto：自動車，Basic：素材，Busse：サービス，Consu：消費財，Ele：電機，Fin：金融，Indma：資本財，Infme：情報，Retl：小売，Shelt：不動産，Trans：輸送，Util：公益)

ないことを検証した。Fama-FrenchやCahartのファクターに相当する，SMB，HMLおよびMomとの相関をみると，それらの相関は小さく，特にサイズやバリュエーションのバイアスはないと考えられる（**図表7-3参照**）。

3.2 分析（C-2）：個別株式リターン分析（その1）

2グループによる積立不足ファクターを含む5ファクターモデルを使って個別企業の株式リターンを回帰分析した。積立不足ファクターの説明力を，第6章の影響度と同様に，「過去6年間(2008年7月～2014年6月)の平均月次リターン」を100％として，5つのファクターによる部分（「ファクターの回帰係数」×「ファクターのリターン平均」）がどれだけの大きさを占めているかでみる。**図表7-5** [4]のとおり積立不足ファクターの説明力は他のファクターに比して小さく，ファクター係数（感応度）は他のファクターの半分以下で，有意水準も大きくな

[図表7-5] 個別株式リターンにおける2グループ積立不足ファクターの説明力の状況

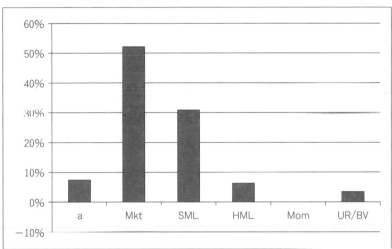

(a：切片，Mkt：市場リターン，SML：Fama-FrenchのSML，HML：同HML，Mom：CahartのMomentum相当，UR/BV：積立不足ファクター。説明力を、「過去6年間（2008年7月～2014年6月）の平均月次リターン」を100％として、5つのファクターによる部分（「ファクターの回帰係数」×「ファクターのリターン平均」）がどれだけの大きさを占めているかでみる。以下の図表において同じ。）

かった。

3.3 分析（C-2）：個別株式リターン分析（その2）

積立不足ファクターを5分位グループの場合に代え分析した。図表7-6[5]参照。（その1）の分析と比較して、感応度や説明力は若干変化したが、概ね同様

---

4 781社分の数値平均、平均月次リターン＝0.05％[0.00]＋Mkt＊1.07[2.02]＋SML＊0.66[1.36]＋HML＊0.22[0.44]－Mom＊0.08[－0.00]＋UR/BV＊0.08[0.42]の回帰式。[ ]内t値。

5 781社分の数値平均、平均月次リターン＝0.04％[0.01]＋Mkt＊1.06[2.00]＋SML＊0.62[1.30]＋HML＊0.24[0.45]－Mom＊0.07[－0.00]＋UR/BV＊0.07[0.37]の回帰式。[ ]内t値。

[図表7-6] 個別株式リターンにおける5グループ積立不足ファクターの説明力の状況

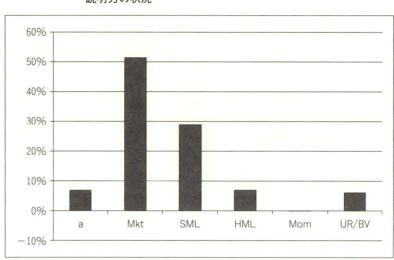

な結果であった。

3.4 分析（C-3）：日本株式アクティブ運用戦略成績の分析

日本株式アクティブ運用戦略に対する分析（C-2）と同様な分析を実施した。積立不足ファクターの影響度は、他のファクターよりも大きかったが、有意水準は低いものであった（2グループの場合と5グループの場合。**図表7-7** [6]）。

---

6 80戦略分の数値平均。2グループの場合：平均月次リターン＝0.06%[0.46]＋Mkt＊1.03[22.3]＋SML＊0.03[0.44]−HML＊0.06[−0.70]−Mom＊0.02[−0.20]＋UR/BV＊0.01[0.43]の回帰式。[ ]内t値。5グループの場合：平均月次リターン＝0.05%[0.39]＋Mkt＊1.02[21.9]＋SML＊0.02[0.14]−HML＊0.01[−0.54]−Mom＊0.03[−0.08]＋UR/BV＊0.01[1.06]の回帰式。[ ]内t値。

［図表7-7］ 日本株式アクティブ運用戦略リターンにおける積立不足
　　　　　　ファクターの説明力の状況

≪2グループの場合≫

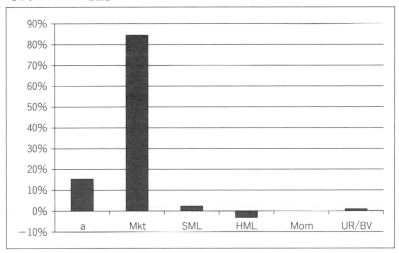

≪5グループの場合≫

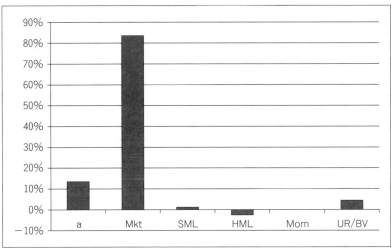

まとめと今後の課題

　積立不足額の情報である未認識退職給付債務を用いた（リスク）ファクターを組成し，それが株価に与える影響を分析した。具体的には，未認識退職給付債務が，相対的に大きいグループと小さいグループに分けてリバランスしていき，株式リターンの差をファクターリターンとしたもので，これが個別株式リターンや日本株式アクティブ運用戦略のリターンをよく説明するファクターとなるか検証した。その結果，個別株式リターンよりも日本株式アクティブ運用戦略のリターンに対して相対的に大きな説明力を有した。

　なお，積立不足ファクターが特定の期間の過去データによるものではあるが，仮説と異なりマイナス・リターンとなったこと等の背景として，リーマンショックに代表される大規模かつグローバルな金融危機が起こっており，市場が混乱した時期であったことが考えられる。加えて，第6章で考察し，また，柳瀬・後藤(2011)においても指摘されているように，日本では退職給付債務減額が比較的容易であり，積立不足が債務額の減少で解消されることが市場で期待されている可能性がある。この他，積立不足がある企業はリスクの高い企業であり，その対価としてのリターンも高くなっているという可能性もある[7]（柳瀬・後藤(2015)も参照されたい）。

　今後の課題として，第6章に関連するが，株価バリュエーションが低いグループを選別する効果等，さらに踏み込んだ分析をしていくことなどがあげられる。

---

[7] 積立不足下位のグループのボラティリティが大きい傾向にはある（有意な状況ではなかった）。

第8章

年金のリスク回避度の実証研究

> **Summary** CRRA型の効用関数を想定して，DBのリスク回避度を推定し，2007年度から2010年度の推移や積立水準の差異でグループ化したベースでリスク回避度を計算した。2008年度は積立水準が高いとリスク回避度が小さい傾向（余裕があるため給付改善なども展望してリスクをとる）があったが，その後リーマンショックの影響で運用にかかる方針などが変化したためか，2010年度ではその傾向がなくなった。

1 イントロダクション

　1996年まで，DBの資産運用の制約については5：3：3：2と呼ばれるルールがあった。すなわち，50%以上の債券保有，30%以下の株式保有，30%以下の外国資産保有，20%以下の不動産保有という内容であるが，これがほとんど年金資産の資産配分を決めており，リスク資産の保有制限という意味でリスク管理を兼ねていた。しかも，こうした規制はDBの状況（積立水準がどうなっているか等）と関係なしで一律の規制であった。しかしながら，その後の規制緩和と，2008年のリーマンショック等の金融危機により，DBの積立水準状況を踏まえた総合的なリスク管理が求められるようになったと考える。
　そこで，年金の資産配分がどのように決定されているか（リスク資産とそうで

ない資産に2分割した場合にリスク資産の割合はどうなっているか）をDBの積立水準状況別にみて，積立水準とリスク回避度との間にとどのような関連があるかを実証研究した。リスク回避度の実証研究は多くの研究があり（Chiappori and Paiella（2008）など），年金に対しても調査されてきている（Siegmann（2011）など）。今回は，退職給付会計の強化やリーマンショックといった金融危機が起こるなかでの，総合的なリスク管理導入が行われつつあった日本のDBを調査対象としており，リスク回避度の推移もみた。

以下，❷においてリサーチ方法を述べ，❸において実証研究の結果を論ずる。最後に❹でまとめと今後の課題を記す。

 リサーチ手法

ここではFriend and Blume（1975）の手法にならい，CRRA型効用関数を前提としたものと，CRRA型効用関数を発展させ，Kahneman and Tversky（1992）にあるような，プラスの収益の場合とマイナスの収益の場合で異なる効用関数を使ったものとの2つの分析を実施した。

2.1 Friend and Blume（1975）の応用

「第I部　理論研究編」でみたように，投資家の効用関数を使った，資産配分問題は以下のように記述できる。

$$\underset{\varphi_t}{Sup} E[U(w_T)]$$

t：時間
w_t：時間 t での投資家の資産額。
X_t：投資家の資産額 w_t のポートフォリオ状態。
φ_t：投資家の資産がリスク資産と無リスク資産で構成されるとして，リスク資産の配分割合。
$U(w_t)$：効用関数 $\dfrac{w_t^{1-\gamma}-1}{1-\gamma}$（CRRA型）

γ：リスク回避度．

リスク資産の価格は幾何ブラウン運動するとして，w_t について以下の記述ができる．

$$w_{t+dt} - w_t = [\varphi_t(\mu^S{}_t dt + \sigma^S{}_t \sqrt{dt}) + (1-\varphi_t) r^f{}_t] w_t$$

$\mu^S{}_t$：リスク資産のドリフトでここでは定数とする．
$\sigma^S{}_t$：リスク資産のボラティリティでここでは定数とする．
$r^f{}_t$：無リスク資産のリスクフリー金利でここでは定数とする．

ここで，時間 $t+dt$ における効用を Talor 展開すると以下が得られる．

$$U(w_{t+dt}) \approx U(w_t) + U'(w_t)(w_{t+dt} - w_t) + \frac{1}{2} U''(w_t)(w_{t+dt} - w_t)^2$$

$$E_{dt}(U(w_{t+dt})) \approx U(w_t) + U'(w_t) w_t dt [\varphi_t \mu^S{}_t + (1-\varphi_t) r^f{}_t]$$
$$+ \frac{1}{2} U''(w_t) w_t^2 (\sigma^S{}_t)^2 dt$$

$$\approx U(w_t) + w_t dt U'(w_t) \left[\left[r^f{}_t + \frac{1}{2} \frac{\left(\frac{\mu^S{}_t - r^f{}_t}{\sigma^S{}_t}\right)^2}{\left[-w_t \frac{U''(w_t)}{U'(w_t)}\right]} \right] \right.$$

$$\left. - \frac{1}{2} \left[-w_t \frac{U''(w_t)}{U'(w_t)} \right] (\sigma^S{}_t)^2 \left[\varphi_t - \frac{\left(\frac{\mu^S{}_t - r^f{}_t}{\sigma^S{}_t}\right)}{\left[-w_t \frac{U''(w_t)}{U'(w_t)}\right] \sigma^S{}_t} \right]^2 \right]$$

CRRA 型の関数を具体的に代入すると，以下が得られる．

$$\approx U(w_t) + w_t dt U'(w_t) \left[\left[r^f + \frac{1}{2} \frac{\left(\frac{\mu^S - r^f}{\sigma^S}\right)^2}{\gamma} \right] \right.$$

$$\left. - \frac{1}{2} \gamma (\sigma^S)^2 \left[\varphi_t - \frac{\left(\frac{\mu^S - r^f}{\sigma^S}\right)}{\gamma \sigma^S} \right]^2 \right]$$

これを最大化する条件より以下を得る．

$$\gamma = \frac{\mu^S - r^f}{\frac{(\sigma^S)^2}{\varphi_t}}$$

なお,これは第Ⅰ部でみた Merton モデルと同一の関係式となっている。

2.2　Kahneman and Tversky(1992) の応用

Abdellaoui et al. (2007) や Kahneman and Tversky (1992) では,資産額が期初資産額を上回ってプラスのリターンが生み出されている時と,資産額が期初資産額を下回っていて損失が発生している時とで異なる関数形を利用することが提案されている。具体的には以下のとおりである。

効用関数 $U = \sum_m [u(x(m))]$

ここで,$u(x(m)) = \dfrac{x^{v_+}}{v_+} = u^+(x)$ if $x \geq 0$,

$\qquad\qquad -\lambda \dfrac{(-x)^{v_-}}{v_-} = u^-(x)$ if $x < 0$

(m は用意したデータの月数)

v_+ と v_- はそれぞれプラスリターン時と損失時のリスク回避度,λ は損失に対する負荷パラメータである。Hwang et al. (2010) ではプラスリターン時と損失時を確率 p で融合している。

期待効用 $E[U] = \sum_m \left[p \dfrac{(\varphi_m y_m)^{v_+}}{v_+} - \lambda \dfrac{(-(\varphi_m y_m))^{v_-}}{v_-} (1-p) \right]$

また,φ_m を m 番目の月におけるリスク資産配分割合として,以下の関係が示されている。

$$\varphi_m = \left[\frac{y_m|_{if.y.positive}{}^{v_+} p}{\lambda(-y_m|_{if.y.negative})^{v_-}(1-p)} \right]^{\frac{1}{v_+ - v_-}}$$

2.3 データ

　企業年金の資産配分と積立水準のデータは企業年金実態調査[1]（2007年度から2010年度）を利用した。また，各資産に対して代表的な金融市場における資産リターンを示す指数を使って市場データとし過去のリターンとボラティリティを求めた。こうして資産配分から得られたリスク資産割合と，市場データから得られたリターン，ボラティリティのデータから，既述モデルの関係式を使ってリスク回避度を求めた。なお，資産配分は年度末ベースであるが年度初からその配分であった前提を置いた。また，リスク資産のリターン（年率），ボラティリティ（年率）は前年度末までの5年間の月次過去データより計算した。

　具体的にリスク資産の定義と市場データの元になる指数は以下のとおりである。

　　リスク資産：「現金，国内債券，生命保険一般勘定」以外の資産

　　　指数：国内債券−Nomura BP index
　　　　　　国内株式−TOPIX
　　　　　　外国債券−Citi WGBI ex Japan
　　　　　　外国株式−MSCI Kokusai
　　　　　　ヘッジファンド−CS/Tremont Hedge Fund index
　　　　　　その他資産−S&P Global REIT index

　年金の資産配分は積立水準の10％の範囲でのグルーピングごとに把握されており，また，年金制度も厚生年金（Employee's Pension），確定給付企業年金（Defined Benefit），それらの合計（Total）ごとに数値化されている（トレンドをみるための回帰曲線のあてはめでは範囲の中央値を使っている）。

---

[1] 企業年金連合会実施。2010年度データは595厚生年金基金と 807確定給付企業年金からなり，調査対象は全体の9割以上を占める。

3 分析結果

Friend and Blume（1975）の応用ではγを数値計算し，Kahneman and Tversky（1992）の応用ではv_+, v_-, λ, pを推定した。

3.1 Friend and Blume（1975）の応用

図表8-1から図表8-4は，企業年金の2007年度から2010年度までの各年度の分析結果である。なお2007年度は積立水準の計測方法が他の年度と異なる[2]

［図表8-1］ 2008年度データによるリスク回避度

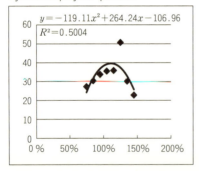

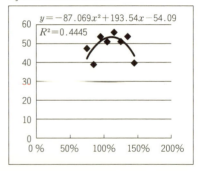

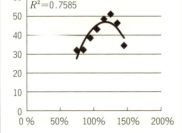

［図表8-2］ 2010年度データによるリスク回避度

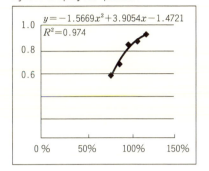
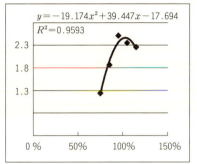
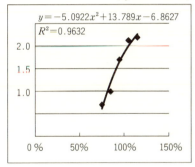

ため（参考）とした。また，2009年度の分析ではリーマンショック等のため，市場データ（資産の前年度末までの5年過去リターン）がマイナスとなったため，リスク回避度の計算値（マイナス値）は載せているが，こちらも（参考）とした。

各図表において，グラフは縦軸にγの計算値をとり，横軸に積立水準をとって，厚生年金基金，確定給付企業年金，それらの合計ごとプロットしたものであり，リスク回避度を積立水準の二次関数として回帰した線もプロットした。

2　2007年度は継続基準，2008年度から2010年度は非継続基準。

[図表 8 - 3] （参考）2007年度データによるリスク回避度

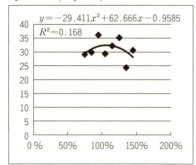

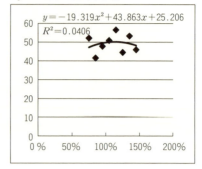

2008年度において，厚生年金基金，確定給付企業年金とも，以下の傾向がある。

- 積立水準が低いと，リスク回避度γが小さくなり，リスクをとる傾向が高くなる。
- 積立水準が高くなるとリスク回避度は大きくなり，リスクを下げる傾向にある。
- ただし，積立水準が100％を超えると，リスク回避度は小さくなり，再びリスクをとる傾向がある。

[図表 8 - 4] （参考）2009年度データによるリスク回避度

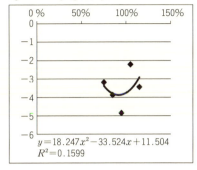

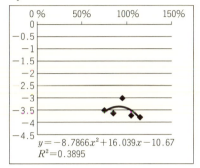

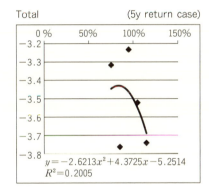

　上記は，積立水準が100％を割っている場合，リスクをとって回復を目指す状況と，積立水準が100％を超えると余裕ができ給付改善なども展望して，リスクを増やして運用している状況と見る。

　しかしながら，2010年度では，積立水準が100％を超えてもリスクをとる傾向がなくなりつつある。「第Ⅰ部　理論研究編」ではリーマンショックなどを経て年金は積立水準が100％に回復することを最優先し，それ以上のリターンを求めずリスクをとらないような傾向がみられたことをモデル化したが，その傾向がある可能性がある（なお，リーマンショックは2008年に起こったが，2008年度末はまだ直後であり，2010年度のような動きを見るには急であったと思われる）。

3.2 Kahneman and Tversky (1992) の応用

2007年度から2010年度のデータをすべて使い，資産のリターンデータも月次リターンを使って，積立水準別の効用関数形状のパラメータを推定し，図表8

[図表8-5] 積立水準ごと月次リターンに対する効用関数形状の推定

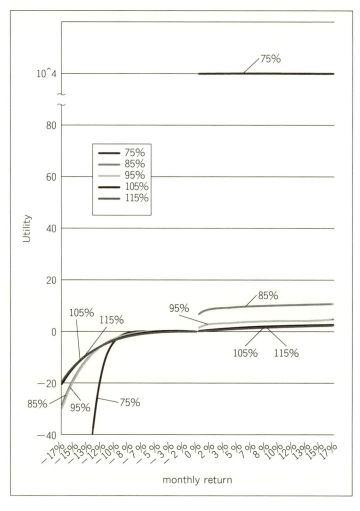

-5のとおり，横軸に月次リターン，縦軸に効用をとり図示した。月次のリターンがマイナスとなるとリスク回避度が高くなる傾向がみてとれる（詳細はYamashita（2012）参照）。

まとめと今後の課題

DBのリスク回避度に関しては，次のように考えられる。
- 積立水準が100％を割れているような低い水準の場合，リスクをとって積立水準を100％にする傾向があった。
- 一方，積立水準が100％を超えた場合，以前は余裕ができ給付改善なども展望してリスクをとる傾向があったが，（リーマンショック後は）なくなってきている。

これは日本の年金制度の資産運用において，そのリスク管理が単に自身の運用ポートフォリオの市場変動に対する管理という視点からのみでなく，当該年金制度の積立水準などの総合的な要素も加味してリスク管理がなされるようになってきた。すなわち，Enterprise Risk Management（ERMとも呼ばれる）が進展してきていることを示唆している可能性もある（Yamashita（2012）参照）。

なお，分析では積立水準がリスク回避度（投資行動）に影響を及ぼしたとの因果関係を推定しているが，留意すべきは，たとえばリスク資産割合が大きいDBがリスク資産の大きな下落によって積立水準を悪化させたということもあり得る点，注意が必要である。また，今後は，CRRA型効用関数の前提にとらわれず形状推定することが課題と考えられる。

第III部

未来応用編

　動的資産配分戦略は，いわば「時間の推移」を利用しリスク管理する運用戦略であるといえる。そもそもリスクをどう感じるかについては長い歴史がある。以下の2つを見てほしい。

- 私の投資はなにも1つの船に依存しているのではなく，取引先も1つだりではない。それに私の全財産が今年の商売の運に左右されるわけでもない。
- 愚かな者は「卵を1つの籠にすべて盛るな」と言う。これは「分散して，注意も分散させよ」というに等しい。賢者は「卵を1つの籠に盛って，その籠をよくよく見守れ」と言うはずだ（割れたらまた卵ができるのを待つ（著者追加））。

　前者は16世紀シェークスピア作ベニスの商人の一節，後者は19世紀マーク・トウェイン作ウィルソンの悲劇の一節（いずれも著者訳）である。リスクに対する感じ方（効用）はさまざまであることを表しており，投資対象分散の考え方がいつも支持されているわけではない。また，時間分散の発想も含まれている。マイナス金利下では後者の発想の活用（時間分散）が重要ではないかと考えている。

　さて，時間の推移を利用した分散はどう考えるべきか。学術的にはSamuelson（1963）やBodie（1995）に代表されるとおり，効用関数の概念やオプションを応用した分析により否定的な議論がなされている。一方，感覚的・実務的には時間の推移による分散に賛同でき，行動ファイナンス的な解釈をすれば一定の意義があると考える。

　いずれにせよ，リスクを考えない主体はなく，サンクトペテルスブルグのパラドックス[1]の例を見るまでもなく，たとえ期待値が無限大の賭けでもその参加価値を無限大とすることはない（リスク等を考える）。現代ではリスクを捉えるリスク測度論が確立されつつあり，こうした進展を踏まえ，これまでのFischer（1906）やMarkoviz（1952）に端を発する分散でリスクを捉える考え方とは異なる視点を論じる。

第9章

ダラー戦略，ラダー戦略，バケット戦略

 現在，DBが直面しつつある制度成熟化（掛金収入よりも給付支出が大きい状況等）や，リスク資産の変動が一層激しくなり，かつ，マイナス金利という難しい状況下にある資産運用などを念頭に，近年の新たなDB等の運営・資産運用手法について論じる。

1 イントロダクション

近年増えつつある，資産額が減少する状況に直面するDBは，どのような運用を強いられているかについて考察した。これはDBの資金の向かう先の1つであるDCの徐々に資産が増大する場合の運用と表裏の関係にある（ただし，DCは個々人の運用の話）。すなわち資産減少DBは，流出資金も合計すれば徐々にリスク資産割合を減少させる運用を行っていることとなり，また，資産増大DCは

---

1 コイン・トスで表裏を当てるゲームで説明すると，表が出るまで投げ続け，表が出たときに，賞金をもらえるゲーム。ここでもらえる賞金は，まずトスしてみて（1度目）表であれば1円獲得する。裏が出た場合は2度目に進み，2度目のコイン・トスで表が出たら倍の2円獲得する。もし2度目まで裏が出れば3度目に進み，表がでた場合の獲得額がまた倍の4円という形で続けていくゲームである。このゲームでの獲得額の期待値は $\sum_{k=1}^{\infty} \frac{1}{2^k} \times 2^{k-1} = \frac{1}{2} + \frac{1}{2} + \frac{1}{2} + \cdots = \infty$。ただし，通常人々は，この期待値無限大のゲームに参加する対価を無限大とは考えない。

徐々にリスク資産割合を増大させる運用を行っていることとなる。これらは経験的に実施されているダラー戦略（ドルコスト平均法投資）を連想させ，動的資産配分戦略ともいえるが，それらのメリット・デメリットを定量的に論じる。

これに関連し，キャッシュフローの管理，LDIの視点から，債券ラダー戦略が利用されつつあるが，これは徐々にリスク資産を増大させる戦略に類似した戦略であることを示し，かつ，マイナス金利下ではマイナス金利の債券に投資することとなるが，再考が必要か否かを論じる。

また，バケット戦略（目的別資産管理）と呼ばれる手法がDBなどにおいて活用されはじめてきているが，管理上の一定の意義はあるものの，正当化する理論は行動ファイナンスでいうメンタルアカウンティングであり，必ずしも受益者にとって最適な戦略であるとは限らない可能性があることを論ずる。

以下，❷においてダラー戦略（ドルコスト平均法投資）の資産減少あるいは資産増大局面にある年金制度の資産運用への意味を考え，メリット・デメリットを定量的に測る。次に❸において債券ラダー投資を，また，❹においてバケット戦略について論じる。最後に❺でまとめと今後の課題を述べる。

ダラー戦略（ドルコスト平均法投資）

2.1 モデル化

DBのなかには，掛金収入よりも給付支出が大きい状況のため，資産額が減少しつつあるものが増えてきている。仮に閉鎖型にほとんど近く，給付義務が一定年後終了するような前提であれば，現時点でリスク資産に100%投資しているが，徐々に現金化を実施していくようなモデルで年金制度の運営をモデル化できる。この逆を考えると，当初から資金100%をリスク資産に投資せず無リスク資産（現金）のみを持っていて，徐々にリスク資産割合を増大させていく状況であるが，これは急拡大しつつあるDCが直面する状況である（資金を徐々に拠出し，それらをリスク資産に投資していく状況）。これらは，リスク資産への投資にあ

たって，時間の推移を利用して分散投資する手法ともいえ，後者はドル平均法投資という名前で親しまれている手法とみなせる。**図表9-1および図表9-2**はこうした，資産減少および増大の局面での資産運用のモデル化を行ったものである。

こうした運用戦略の最適性の議論[2]として，たとえばドルコスト平均法で投資すると，一定期間後の資金全体の時価の変動性は和らげられることが指摘される。しかし，一方で，当初から100％リスク資産に投資していたならば得られた可能性があるリターンを得ていないという点も見逃せない。

具体的に**図表9-1**は当初リスク資産のみを保有していた状況から，それらを

[図表9-1] 資産減少の場面にある年金制度の資産運用のモデル化

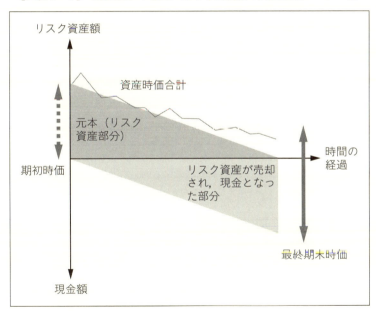

2　徐々にリスク資産を減らしていく戦略では人的資本も踏まえたライフサイクル投資戦略の形で取り上げられることも多く，若年時には人的資本があるためリスク資産に多く投資し，年齢を重ね人的資本が減少していくにつれリスク資産を減らすと論じられる。

［図表 9-2］　資産増大の場面にある年金制度の資産運用のモデル化

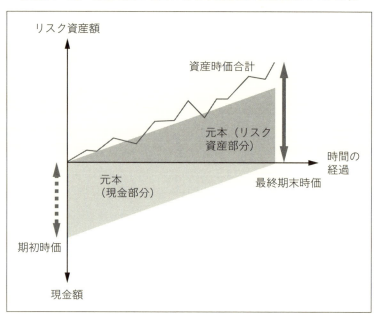

徐々に売却していき，その売却部分は無リスク資産（現金）で保有している状況である。

また，**図表 9-2** は徐々にリスク資産に投資するドルコスト平均法をモデル化したものである。当初は無リスク資産（現金）のみを保有しており，徐々にリスク資産に投資していく。

当初資産額を w_0 とし，時間 $t=0$ から $t=T$ の期間でのリスク資産と無リスク資産（現金）に資金を配分する運用戦略を考える。時間 t での資産時価合計を w_t とし，そのときのポートフォリオを X_t とする。リスク資産の価格 S は幾何ブラウン運動に従い（B_t と記す），ドリフト μ とボラティリティ σ は Black＝Scholes 型の固定とする。すなわち，

$$dS_t = S_t \mu dt + S_t \sigma d\mathrm{B}_t$$

リスク資産が売却されて現金となっていく，あるいは，現金をリスク資産に投資していく状況をパラメータ k （連続時間ベースでのリスク資産への投資配分のフローを表す）を使って以下のように表せる[3]。

$$dw_t = w_t \mu dt + w_t \sigma dB_t + kdt, (|k|T = w_0)$$

$k<0$ の場合は，資産減少局面にあるケースを表し，$k>0$ の場合は，資産増大局面にあるケースを表す。

以上の設定で，時間 t における資産合計時価やその期待値，その変動性を解析的に計算すると以下のようになる。

$$w_t = e^{\left(\mu - \frac{1}{2}\sigma^2\right)t + \sigma B_t}\left[w_0 + k\int_0^t e^{-\left(\mu - \frac{1}{2}\sigma^2\right)s - \sigma B_s}ds\right]$$

$$E[w_{t=T}] = w_0 e^{\mu T} + \frac{k}{\mu}(e^{\mu T} - 1) = w_0 + (\mu w_0 + k)\frac{e^{\mu T} - 1}{\mu}$$

$$Var[w_{t=T}] = \frac{2}{\mu + \sigma^2}\left[\left\{\left(\mu + \frac{1}{2}\sigma^2\right)w_0 + k\right\}^2 + \frac{1}{2}\sigma^2\left(\mu + \frac{1}{2}\sigma^2\right)w_0\right]$$

$$\frac{e^{2\left(\mu + \frac{1}{2}\sigma^2\right)T} - 1}{2\left(\mu + \frac{1}{2}\sigma^2\right)} - \frac{2}{\mu + \sigma^2}(\mu w_0 + k)(\mu w_0 + k + \sigma^2)\frac{e^{\mu T} - 1}{\mu}$$

$$-(\mu w_0 + k)^2\left(\frac{e^{\mu T} - 1}{\mu}\right)^2$$

2.2 シミュレーション

図表9-3は，資産を常にリスク資産にのみ配分しているケースを FULL，資産増大局面のケース（当初資産がすべて現金となっていて，徐々にリスク資産に配分していく）を ACCUM，資産減少局面のケース（当初資産がすべてリスク資産となっており，徐々に売却して現金に配分していく）を DECUM と記して，それぞれの戦略のリターンとリスクのトレードオフをシミュレーションした結果である。

---

[3] Freedman (2008) では，個人が積み立てる場合で死亡率を考慮したものが議論されている。

[図表9-3] シミュレーション結果(その1)

パラメータ
当初資産 w_0 1 リスク資産ドリフト μ 5.0%
最終期末 T 5 リスク資産ボラティリティ σ 10.0%
資金フロー量 0.20

	Time=0	1	2	3	4	最終時価 5	最終時価の ボラティリティ	最終時価/ ボラティリティ	増分/ ボラティリティ
FULL (常にリスク資産)	1	1.046	1.100	1.156	1.215	1.278	0.291	23%	0.95
リスク資産	1	1.05	1.10	1.16	1.22	1.28			
現金	0	0.00	0.00	0.00	0.00	0.00			
ACCUM (ドル平均法)	1	1.005	1.021	1.047	1.086	1.136	0.152	13%	0.89
リスク資産	0	0.21	0.42	0.65	0.89	1.14			
現金	1	0.80	0.60	0.40	0.20	0.00			
DECUM (資産減少モデル)	1	1.046	1.084	1.114	1.136	1.148	0.174	15%	0.85
リスク資産	1	0.85	0.68	0.51	0.34	0.15			
現金	0	0.20	0.40	0.60	0.80	1.00			

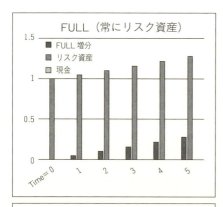

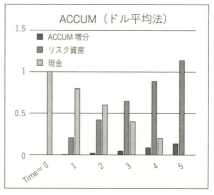

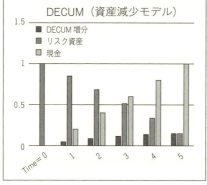

前節でみた資産減少または資産増大のモデルにおいて，w_t はリスク資産のみを示していたが，資産減少ケースでは減少する部分を現金で埋め合わせる，あるいは資産増大ケースでは期初から現金が存在していてリスク資産に置き換わっているという形で資産時価を置き換える。現金のリターンとリスクはゼロとするので，資産時価（期待値）は現金額を減算・加算することで足り，また，ボラティリティや分散の計算では現金はリスク資産と相関係数ゼロの資産とする。

パラメータは，以下のとおりである。
  当初資産 $w_0=1$
  時間 $t=0$ から $t=T=5$ までの期間
  ドリフト $\mu=5\%$
  ボラティリティ $\sigma=10\%$
  k について，時間1あたり0.2の配分変更

たとえば，常にリスク資産に投資している FULL の $t=5$ での資産合計時価の期待値1.278，その標準偏差（その期待値の変動ボラティリティ）0.291が比較の基準となる。リスク資産を徐々に増やす ACCUM では $t=5$ での資産合計時価の期待値は1.136と FULL より小さいが，その標準偏差は0.152であり FULL の場合よりも小さくなっている。同様に，リスク資産を徐々に減らす DECUM では $t=5$ での資産合計時価の期待値は1.148と FULL より小さいが，その標準偏差は0.174であり FULL の場合よりも小さくなっている。

さらに，パラメータについて，ドリフト $\mu=1\%$ と小さくした場合のシミュレーションを**図表 9-4** に，また，ボラティリティ $\sigma=5\%$ と小さくした場合は**図表 9-5** に示した（他のパラメータは同一としている）。

[図表 9-4] シミュレーション結果（その2）

パラメータ
当初資産 w_0　　1　　リスク資産ドリフト μ　　1.0%
最終期末 T　　5　　リスク資産ボラティリティ σ　　10.0%
資金フロー量　　0.20

	Time=0	1	2	3	4	最終時価 5	最終時価のボラティリティ	最終時価/ボラティリティ	増分/ボラティリティ
FULL (常にリスク資産)	1	1.005	1.015	1.025	1.036	1.046	0.238	23%	0.19
リスク資産	1	1.01	1.02	1.03	1.04	1.05			
現金	0	0.00	0.00	0.00	0.00	0.00			
ACCUM (ドル平均法)	1	1.001	1.004	1.009	1.016	1.025	0.134	13%	0.19
リスク資産	0	0.20	0.40	0.61	0.82	1.03			
現金	1	0.80	0.60	0.40	0.20	0.00			
DECUM (資産減少モデル)	1	1.009	1.016	1.021	1.025	1.026	0.139	14%	0.19
リスク資産	1	0.81	0.62	0.42	0.22	0.03			
現金	0	0.20	0.40	0.60	0.80	1.00			

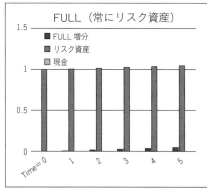

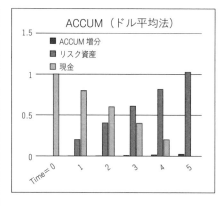

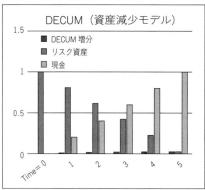

第9章 ダラー戦略, ラダー戦略, バケット戦略　153

[図表9-5] シミュレーション結果（その3）

パラメータ									
当初資産 w_0	1	リスク資産ドリフト μ		5.0%					
最終期末 T	5	リスク資産ボラティリティ σ		5.0%		最終時価	最終時価の ボラティリティ	最終時価/ ボラティリティ	増分/ ボラティリティ
資金フロー量	0.20								
	Time=0	1	2	3	4	5			
FULL （常にリスク資産）	1	1.050	1.104	1.160	1.220	1.282	0.144	11%	1.96
リスク資産	1	1.05	1.10	1.16	1.22	1.28			
現金	0	0.00	0.00	0.00	0.00	0.00			
ACCUM （ドル平均法）	1	1.005	1.021	1.047	1.086	1.136	0.076	7%	1.80
リスク資産	0	0.21	0.42	0.65	0.89	1.14			
現金	1	0.80	0.60	0.40	0.20	0.00			
DECUM （資産減少モデル）	1	1.046	1.084	1.114	1.136	1.148	0.086	7%	1.72
リスク資産	1	0.85	0.68	0.51	0.34	0.15			
現金	0	0.20	0.40	0.60	0.80	1.00			

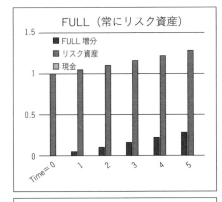

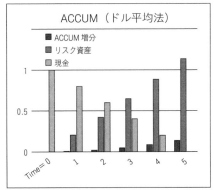

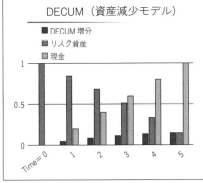

[図表 9-6] 資産減少局面，資産増大局面の資産運用の比較

≪最終時価の増大分と変動の増大分（$\mu=5\%$, $\sigma=10\%$の例）≫

	最終時価	当初からの増大分 a	最終時価のぶれの標準偏差 b	a/b
FULL	1.278	0.278	0.291	0.955
ACCUM	1.136	0.136	0.152	0.894
DECUM	1.148	0.148	0.174	0.848

これらのシミュレーション結果の比較（**図表9-6**）を踏まえると，以下が考察できる。

- 資産減少，あるいは，資産増大の局面にあって，リスク資産への投資を減少，または増大させることはリターンを犠牲にして時価がぶれるリスクを抑える効果を持つ。
- このリターンとリスクのトレードオフは，主体の効用（関数）の内容等にも依存し一義的に決まるものではないが，たとえば資産の増大分とブレ（標準偏差の大きさ）を比較すると（**図表9-6**），資産減少あるいは資産増大の局面のリスク資産投資戦略は必然的に効率が悪い。

  債券ラダー戦略

債券ラダー戦略とは，さまざまな償還年数である債券を保有する戦略で，たとえば1年から10年のすべての年数に対応する償還年数の債券を10分の1ずつ保有するような戦略である。これは，次のような性格をもつ。

- 1年後には，当初の時点で1年後償還する予定であった債券がまさに償還され，10分の1が現金となり，かつ，当初の時点で償還年数が2年以上であったものはそれぞれ1年分，償還年数が短くなる（結果としては，1年から9年のすべての年数に対応する償還年数の債券を10分の1ずつ保有する）ようなポートフォリオとなる。ここで発生した現金を，償還年数10年の債券に新規に投資したとすれば，もとの姿（1年から10年のすべての年数に対応する

償還年数の債券を10分の1ずつ保有）に戻る。
- こうしたリバランスを繰り返すことで，リバランスが容易で，かつ，さまざまな年限の金利リスクに分散投資したポートフォリオを維持していくことができ，また，キャッシュフローを定期的に発生させることができる。

この安定的に一定の現金キャッシュフローを生み出す意味で，年金の資産運用において，キャッシュフローマッチングやLDIの戦略と基本的な構造は同じとなる[4]。

この債券ラダー戦略は，前節のドル平均法投資と深い関連がある。**図表9-7**にその解説図を乗せた。

10年前に当初資金の10分の1の資金で10年の償還年数の債券を買い，その1年後にも同様なことを行い，ということを毎年連続して行っていたとした場合，現在の姿は償還年数が1年から10年まで毎年分10分の1ずつそろっている債券ポートフォリオとなる。そしてこれは，償還年数10年の債券を，毎年当初資金

[図表9-7]　債券ラダー戦略

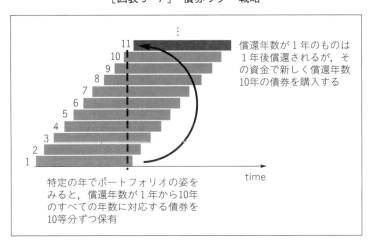

4　実際の年金債務キャッシュフローは等しい金額が毎年発生するわけではない。

の10分の1ずつ買っていくドル平均投資の手法であることがわかる。

次に1年の償還年数の債券が償還し現金となった時点ではさらにその時点での償還年数10年の債券を当初資金の10分の1で投資することとなり，10年債に付利されるクーポンの大きさは市場動向で刻々と変化するが，10年経過した後は，ドル平均投資を行っていることと同等となる（債券持ち切りにより応募利回りのクーポンを得る視点での分析）。

現在，ゼロ金利あるいはマイナス金利となっているため，国債でラダー戦略を実施することは，マイナス金利の国債に投資する意味で無意味との議論もある。しかし，上記のとおり，もっと長期の戦略の一場面にすぎないと考えれば（毎年，長期の債券をドル平均法で投資しているなら）意義はあると考える。LDI戦略としてキャッシュフローマッチングの意義もある。

すなわち，下記の**図表9-8**のとおり，単純な債券戦略からの視点で考えればマイナス金利の視点で問題点が浮かび上がるが，ドル平均法投資と考えることで，現在のマイナス金利下においてその必要性をより明確に整理できる。

[図表9-8] マイナス金利下でのLDI戦略意義

単純な債券戦略からの視点	ドル平均投資法としての視点
金利感応度のリスクを分散させる意義あり	同左
国債がマイナス金利の状況であれば，むしろ現金で保有すべき	長期にわたる金利水準平準化の一環であれば継続すべき

4　バケット戦略

バケット戦略とは，DBの資産運用において，たとえば以下の例のような，資金を目的別に分けて運用管理する手法である。

- 現在の年金の資産を，①今後5年間で給付に使われる資金，②今後6年～15年で給付に使われる資金，③16年以後の給付に使われる資金の3つに分けて考える。

- 図表9-9のように，年金の資金を将来の給付のキャッシュフローの源泉として，目的別の3つのバケット①，②および③に分けて，目的別に運用管理するものを指す。
- たとえば，①はほぼ現金に近い短期の国債で運用し，②は償還期限のある程度長い債券で運用，③は株式や取引流動性に難点がある投資（不動産など）にあてるといった運用手法である。

この手法は，運用目的を管理する事務的な意義はあるが，行動ファイナンスでいう，「メンタルアカウンティング」の問題がある。メンタルアカウンティングは，資産運用に関してたとえれば，Tahler(2015)にあるとおり，本来は一体で考えることが重要であるのに，資産運用にあたり，運用を実施する者がその心理的な満足を優先して分別し，資産を管理してしまうことである。DBの資産運用が受給者，加入者等のための行為であることにかんがみれば，バケット戦略は受給者，加入者等の効用を満足させていない可能性がある。

さらに，資金が一定の運用リターンを上げることを前提で制度設計されているため，マイナス金利にあってはなおさらリスクをとってリターンを上げる運

[図表9-9] バケット戦略

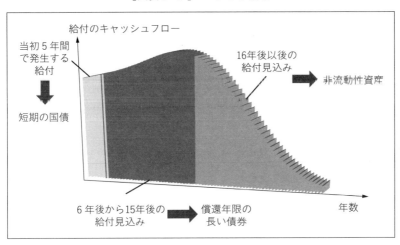

用を実施することが必要となるが，分別管理することで心理的なリスクの顕在化を抑えることができる（15年以上の期間保有する部分として分別して管理することで安心してリスク資産に投資することができる）ことも指摘されるが，本来はもっとも最良な資産運用戦略（ポートフォリオ）を資産全体で作成し，必要に応じ，その姿を変えず売却して現金を捻出することが行われるべきである。ただし，Goal base のアドバイスとして肯定的にとらえるのも一理あり（Widger and Crosby (2014)），要は，フィデューシャリーをまっとうする「誰のために何をすべきか」ということに照らして，行動することが大切である。

まとめと今後の課題

現在，制度成熟化（掛金収入よりも給付支出が大きい状況等）のために資産減少局面にある DB や，今後拡大する DC のような資産増大局面にある(個々人ごとの)年金にかかる資産運用において，リスク資産への投資配分が時間経過とともに減少，あるいは増大するとのモデル化を行い，それぞれの運用におけるリターンとリスクのトレードオフ関係を具体的にシミュレーションした（資産減少の場合は資産増大の場合よりもリスクが減じられる対価としてのリターンの毀損が大きいことなどが見てとれた）。

また，リスク資産の変動が一層激しくなり，かつ，マイナス金利という状況下における資産運用などを念頭に，債券ラダー戦略は長期継続したドル平均法投資という視点で意義が高いと考えられる一方，バケット戦略には，メンタルアカウンティングのきらいがある留意点が指摘される（Yamashita (2016) も参照）。

今後の課題としてはこうしたドル平均法を最適な動的資産配分戦略としてBernard and Kwak (2014) にあるような，効用関数を逆算する分析を行うことが考えられる。

第10章

リスク測度と MinMax 戦略

マイナス金利等の新たなパラダイムに対しての対応を考えて、第5章で触れていたリスク測度について整理し、シナリオ分析によるシミュレーションや、「リスク制約条件下のリターン等にかかる目的関数の最大化」という動的資産配分問題にかかる MinMax 戦略を論じる。

1 イントロダクション

　マイナス金利を念頭に，最適な運用戦略の考え方について論じる（具体的な債券等の投資手法ではない）。「第Ⅰ部　理論研究編」では，下値リスク回避や運用目標達成重視といったことを特定の効用関数でモデル化するなかで，新たな運用のフレームワークとしての動的資産配分戦略を導出した。それらを導いた効用関数の形状は，会計基準の強化やリーマンショックといった事象を背景にかたちどられた。マイナス金利を背景にした場合，シナリオ分析型の MinMax 最適化による資産配分戦略について注目したい。すなわち，制約条件下のリターン等にかかる目的関数の最大化という動的資産配分問題において，マイナス金利という状況に適した考慮すべきリスク制約を考え，MinMax 最適化問題に帰着させて考える。

　以下，2 においてマイナス金利という状況の扱いについて述べ，3 におい

て，リスクの捉え方(リスク測度)について整理する。❹において MinMax 最適化を論じ，最後に❺においてまとめと今後の課題を述べる。

 ## マイナス金利をどう捉えるか

リスク資産への投資にかかる戦略を設計する場合，リスク資産のリターンをその価格の対数の変動が幾何ブラウン運動に従うとすることでモデル化したり，あるいは，債券であれば金利が平均回帰する傾向を取り入れて金利変動をモデル化し，債券リターンをモデル化することが一般的である。

マイナス金利であることはこうしたモデル化にさまざまな影響を与えるが，実務的な観点で，マイナス金利(たとえば，発行国債の過半が時価評価するとマイナス金利となっている状況)が起こす留意点は，以下と考える。

- リスクフリー金利がマイナスとなっている状況であるとすれば，リターンがリスクフリー金利とリスクプレミアムとの和からなるので，あらゆる資産のリターンの絶対水準が低下することとなる。
- 資産運用全体のなかで，通常，債券投資の直利が資産全体の運用収益を下支える側面がある。そのため，この部分が逆にマイナスであれば下支えではなくなる。
- 政策当局がさらなるマイナス金利を試みることも含めれば，金利の変動の将来の方向性は上下あることとはなるものの，投資家の実態として，長期的には金利上昇してしまうリスクを通常よりもより重視する状況にある。

運用戦略の対象が何であれ，絶対リターンの水準が低下し，リターンの下支えとなる直利が期待できない状況下，運用戦略において下値リスク，特にドローダウン(最安値，Maximum Drow Dawn)が効用の重要指標となることが考えられる。また，リターンの分布をモデル化するよりも，多期間にわたるリスク資産のシナリオを種々用意して，シナリオ分析を行って資産配分を検討する(特定のリスクをより的確に捉える)ほうがより好ましいと思われる(第III部のリード文

における『よく見守る』)。また，この時，何をリスクとして捉えるかに関し，以下で論じる Convex 性も考慮して，CVaR あるいはその極限の最安値を利用することが考えられる。

なお，金利モデルの視点からは，マイナス金利により，対数正規分布を利用するモデルが利用できず，Displaced Diffusion, Shifted Lognormal Model といった修正がなされているが，ここではこうした視点は取り扱わない。

リスクの捉え方（リスク測度）

3.1 変動測度 (Deviation Measure) とリスク測度 (Risk Measure)

リターン（損益）が統計的になんらかの確率分布に従っているとされる場合，その変動を図る物差しが変動測度 (Deviation Measure) である。変動測度はすでに第5章 Appendix D で言及したリスク測度と必ずしも一致しない[1]。分布の分散や標準偏差は変動測度の1つであるが，これらはリスク測度としても一般に使われている（Fischer (1906) や Markoviz (1952) に端を発する分散（あるいは標準偏差）でリスクを捉える考え方）。しかし正規にはリスクの把握としてこの変動測度を利用したい場合，たとえば，「平均値－定数×標準偏差」の値を使う（VaR とする）ことでリターンの状況がどのようなものか，変動する幅ではなく絶対水準を示すことができ，リスク測度となる。

このような，リスク測度において，1期間や定常状態を前提とした場合，望ましい特性として，Artzner et al. (1999) より Coherent 性が提唱された。これは，次の特徴をもつものとして定義されている。

---

[1] 文字通り，変動を測ればリスクの量を測ることになる場合もあるが，後述する Translation Invariance の性質ついて，変動測度では現金（変化しない確固たるもの）を加えても，変動量は不変という趣旨である一方，リスク測度では，リスクが当該現金で軽減されるという意味を持つ。

Monotonicity ⟶ 損失が大きいことと，リスクが大きいことが同等(逆転することはない)。

Subadditivity ⟶ 資産を組み合わせた結果のリスクよりも，各資産をばらばらでリスクを合計したほうがリスク量が高い。

Translation Invariance ⟶ 現金を保有すれば損失リスクを消せる。

Positive Homogeneity ⟶ 資産を2倍持てばリスクも2倍。

どれも，リスクを想定すれば納得感のある特性である。よく引き合いに出されるのは，VaR は Subadditivity を満たさず，Average の VaR ともいうべき CVaR が Coherent 性を満たし，より適切なリスク測度であるという議論である。

しかしながら，Translation Invariance において，現金に対する利子率をどう扱うか不明確であったり，デフォルトを扱う場合の問題点等が指摘されている (El Karoui and Ravanelli (2009))。また，Positive Homogeneity について，金融市場で非流動性などを加味すると資産の大きさにリスクが正比例しないこともあるため，Positive Homogeneity への疑問 (Follmer and Schied (2002)) も出されている。このように Coherent 性もリスク測度の性質としてパーフェクトでないということで，Convex 性という概念で置き換えられつつある。これは上記の後半2つを，

Convexity ⟶ リスクの平均より，もとになる変数の平均によるリスクのほうが大きい。

で置き換えたものである (Follmer and Schied (2002))。

さらに，効用関数による戦略の導出において，リスク測度に対して，以下の (Second order) Stochastic Dominance の性質 (SDD) が望ましいとされる。

$X >_{SDD} Y$ (X を Y より好む) は，

$$\int_0^{p(\forall p, 0 \leq p \leq 1)} (x_u - y_u) du \leq 0 \text{ においてのみ成立}$$

($\int du$ は確率変数の確率密度による積分（累積密度関数）を表す。)

さきほどマイナス金利下でのリスクの把握として論じ，Coherent 性も満たした CVaR は，Convex 性や SSD も満たす。

3.2 動的リスク測度（Dynamic Risk Measure）

「多期間」を管理するとして，長期の期間を複数の期間で分けると，リスクの捉え方においても必要とされる概念の拡張が求められる。具体的には，上記の Coherent 性や Convex 性が静的な場合と同様定義できる。そして，さらに，

Time Consistent 再帰性 ⟶ 将来から過去を振り返られる再現性

が重要となる。

一般に動的リスク測度は以下のように定義される（離散表現）。

$\{\rho_{t,T}(X_t, \cdots, X_T)\}_{t=1}^{T-1}$：時刻 t (t は 1 から $T-1$) でみた，最終期 T までの $\{X_t, \cdots, X_T\}$ によるのリスク

t までの情報による t でのリスク（Conditional リスク測度）を，

$$\{\rho_t\}_{t=1}^{T-1} = \underset{\eta \subset R}{Inf} E[f(L(X_t), \eta)|F_t]$$

($f( )$ は損失 $L( )$ の関数)

として，

$$\rho_{t, t+1}(0, X_{t+1}) = \rho_t(X_{t+1})$$

がいえ，リスク測度が CVaR の場合は，

$$\rho_{t, T}(X_t, \cdots, X_T) = X_t + \rho_{t, T}(0, X_{t+1}, \cdots, X_T)$$

となり，動的なリスク測度として次のように Iteration により測定できる。

$$\rho_{t, T}(X_t, \cdots, X_T) = X_t + \rho_t(\rho_{t+1, T}(X_{t+1}, \cdots, X_T))$$

動的資産配分問題と MinMax 最適化

第Ⅰ部で考えた動的資産配分問題は「リターン（や資産額）にかかる目的関数（効用関数）の，リスク（や資産額）に対する制約条件下での最大化」という動的資産配分問題であった．一方，制約条件下のリターン等にかかる目的関数の最大化という動的資産配分問題は以下のとおり，一種の「MinMax 最適化問題」に帰着される．

まず，第4章でみた効用関数 U の最大化問題は，

$$\underset{\varphi_t}{Sup} E[U(w_T)]$$

w_T：時間 T の資産額

であった．第5章 Appendix D のリスク測度関数を一般に $\rho(\ )$ とおいて，

$$Risk(w_T, x) = \underset{x \subset R}{Inf} E[\rho(w_T, x)]$$

として，以下のような上限制約 x があるような問題設定を行う．

$$\underset{x \subset R}{Inf} E[\rho(w_T, x)] \leq x$$

第5章でみたとおり，ここで，たとえば，

$$\rho(w_T, x) = (w_T - x)^2$$

であれば，$Risk(w_T, x) = \underset{x \subset R}{Inf} E[\rho(w_T, x)] = Var(w_T)$（分散，Variance）となる．また，

$$x + \frac{1}{1-p}(w_T - x)_+$$

であれば $CVaR(w_T)$（CVaR）となる．

Lara et al.（2011）にならうと，上記の制約条件付き効用関数最大化問題は，

$$\underset{\varphi_t}{Sup} \underset{U \subset \{U\}}{Inf} E[U(w_T, x)]$$

$$\{U\} = \{U^{(\lambda)} = w_T + \lambda(-\rho(-w_T, x) + x, \lambda \geq 0\}$$

とできる。

たとえば，マイナス金利下での状況をモデル化するなかで，より下値リスクが重要であるとして，既述の議論より，リスクをCVaRで認識するとすれば，

$$U^{(\lambda)} \begin{cases} = w_T + x, w_T \quad w_{t=0} + x \geq 0 \\ = \left(1 + \dfrac{1}{1-p}\right)(w_T + x), w_T - w_{t=0} + x < 0 \end{cases}$$

となる。これは $w_T - w_{t=0}$ が一定の値（CVaRにおける閾値のVaR）以下であればより勾配が急である（リスクを大きく感じる）効用であることを指し，Kahneman and Tverskyの効用関数の一形態であるとの理解もできる。

ここで，CVaRの極限である最大損失額をとると，その資産配分で考えられる最大損失額の値を最大化するような，資産配分を最適解として求めるMinMax問題に帰着されることとなる。

なお，Schied(2006)においては，worst risk measure あるいは worst conditional expectation の扱いの形で整理されており，また, robustness や Kight 流のリスク（確率的事象ではない不確実性）についても扱い，Gilboa and Schmeidler (1989) の不確実性のあるリスクのなかでの最適化戦略におけるMinMax戦略の議論を深めている（MinMax最適化はRobustnessを追求する最適戦略との側面もある）。

5 まとめと今後の課題

マイナス金利等の新たなパラダイムに対しては，シナリオ分析でリターンとリスクを考察していくことが考えられる。また，その場合に「リスク制約条件下のリターン等にかかる目的関数の最大化」という動的資産配分問題を「MinMax最適化問題」に帰着することを論じた。具体的には，シナリオ分析で最悪

時のリターンが最大となるような資産配分最適化を実施する。

　今後の課題はマイナス金利とその環境下におけるリスクの把握について Sekine (2004) のようなモデルで，リスクをヘッジするための最適解のコストがどのくらいかかるかという視点を通じて明らかにしたり，ここでとらえた CVaR 以外のリスクの議論に広げること等が課題である。また近年，データからリスク測度の真の値を推定できるのかという "Elicitability" や "Expectiles" についての議論も出ている（MSCI Report (2014)）。

参考文献

Abdellaoui, M., Bleichrodt, H., and Paraschiv, C. (2007) "Loss Aversion Under Prospect Theory: A Parameter-Free Measurement," *Management Science*, 53(10), pp.1659-1674.

Ang, Andrew, Dimitris Papanikolaou and Mark M. Westerfield (2013) "Portfolio Choice with Illiquid Assets," NBER Working Paper No. w19436.

Antonelli, Fabio (1993) "Baclward-Forward Stochastic Differential Equations," *The Annuals of Applied Probability*, 3(3), pp.777-793.

Artzner, Philippe, Freddy Delbaen, Jean-Marc Eber, and David Heath (1999) "Coherent measures of risk," *Mathematical Finance*, 9(3), pp.203-228.

Bally, Vlad and Gilles Pages (2000) "A quantization algorithm for solving multi-dimensional optimal stopping problems," *Bernoulli* 9(6), pp.1003-1049.

Basak, Suleyman and Chabakauri, Gerogy (2009) "Dynamic Mean-Variance Asset Allocation," Working Paper, London Business School.

Benninga, S. and M. Blume (1985) "On the Optimality of Portfolio Insurance," *The Journal of Finance*, 40(5), pp.1341-1352.

Ben-Tal, Aharon, and Marc Teboulle (2007) "An Old-New Concept of Convex Risk Measures: The Optimized Certainty Equivalent," *Mathematical Finance*, 17(3), pp.449-476.

Bernard, Carole, and Minsuk Kwak (2014) "Dynamic Preferences for Popular Investement Strategies in Pension Funds," *Scandinavian Actuarial Journal 2014*, DOI: 10.1080/03461238.2014.954606.

Bernard, Carole, Phelim P. Boylc and Steven Vanduffel (2013) "Explicit Representation of Cost-Efficient Strategies," Working Paper, University of Waterloo.

Bian, B., S. Miao, and H. Zheng (2010) "Smooth Value Functions for a Class of Nonsmooth Utility Maximization Problems," *Proceedings of Advanced Mathematical Methods in Finance*, Slovenia.

Bicksler J.L., and A.H. Chen (1985) "The Integration of Insurance and Taxes in Corporate Pension Strategy," *Journal of Finance*, 40(3), pp.943-955.

Bielecki, T.R. and S. Pliska (1999) "Risk-Sensitive Dyanamic Asset Allocation," *Applied Mathmatics Optimization*, 39, pp.337-360.

Bjork, Tomas, Agatha Murgoci and Xun Yu Zhou (2011) "Mean-Variance Portfolio Optimization with State Dependent Risk Aversion," Working Paper, Stockholm School of Economics.

Black, F. (1980) "The Tax Consequences of Long-Run Pension Policy," *Financial Analysts Journal* 28(1), pp.80-84.

Bodie, Z. (1990) "The ABO, the PBO and Pension Investment Policy," *Financial Analysts Journal*, Vol.46(5), pp.27-34.

Bodie, Zai (1995) "On the Risk Of Stocks in the Long Run," *Financial Analysts Journal*, May/June.

Bogentoft, Eric, H. Edwin Romeijn, and Stanislav Uryasev (2001) "Asset/Liability Management For Pension Funds Using CVaR Constraints," Research Report #2001-10 University of Florida.

Bouchard, B., and N. Touzi (2005) "Discrete time approximation and monte-caro simulation of Backward Stochastic Differential Equations," *Stochastic Processes and their Applications*, 111, pp.175-206.

Bouchard, B., N. Touzi and A. Zeghal (2004) "Dual Formulation of the Utility Maximization Problem: The Case of Nonsmooth Utility," *The Annuals of Applied Probability*, 14(2), pp.678-717.

Bouchard, Bruno, Romuald Elie, and Cyril Imbert (2010) "Optimal Control under Stochastic Target Constraints," *SIAM J. Control Optimization*, 48(5), pp.3501-3531.

Brandt, M.W., A. Goyal, P. Santa-Clara, and J.R. Stroud (2005) "A Simulation Approach to Dynamic Portfolio Choice with an Application to Learning About Return Predictability," *Review of Financial Studies*, 18, pp.831-873.

Brennan, M.J., and R. Solanki (1981) "Optimal Portfolio Insurance," *The Journal of Financial and Quantitative Analysis*, 16(3), pp.279-300.

Briand, P., B. Delyon, Y. Hu, E. Pardoux, and L. Stoica (2003), "L(p) Solutions of Backward Stochastic Diffential Equations," Universite Rennes working paper.

Briand, Philippe and Romuald Elie (2012) "A new approach to quadratic BSDEs," Working Paper.

Bulow J.I. and M.S. Scholes (1983) "Who Owns the Assets in a Defined-Benefit Pension Plan," In Z. Bodie and J. Shoven (eds.), *Financial Aspects of the*

United States Pension System, Universithy of Chicago Press.

Bulow, Jeremy I., Morck, Randall, and Summers, Lawrence (1987) "How Does the Market Value Unfunded Pension Liabilities?" NBER research paper, ISBN0-226-06284-8.

Campbell Y., John and Viceira, M. Luis (2002) "Strategic Asset Allocation," Oxford University Press.

Carhart, Mark (1997) "Onpersistence in mutual fund performance," *Journal of Finance*, 52, pp.57-82.

Carr, P. and D. Madan (2001) "Optimal Positioning in Derivative Securities," *Quantitative Finance*, 1, pp.19-37.

Cetin, Coskun (2006) "Delegated dynamic portfolio management under mean-variance preferences," *Journal of Applied Mathematics and Decision Sciences*, Volume 2006, pp.1-22.

Chan, Xuanjuan, Tong Yu, and Jeffrey Zhang (2008) "Do Bond Ratings Reflect Risks of Pension Obligation Overhang? Evidence from Bond Seniority, Default Probability and Recovery Rate," Financial Innovation, Financial Research Forum.

Chaumont, Sebastien, Peter Imkeller and Matthias Muller (2005) "Equilibrium trading of climate and weather risk and numerical simulation in a Markovian framework," Working paper, Humboldt-Universitat zu Berlin.

Chiappori, Pierre-Andre, and Monica Paiella (2011) "Relative Risk Aversion Is Constant: Evidence from Panel Data," *Journal of the European Economic Association*, 9(6), pp.1021-1052.

Choi, Jong-Seo and Tokuga, Yoshihiro (2007) "Market Reaction to the Disclosure of Unfunded Pension Benefit Obligation Write-Off Policies in Japan," *Seoul Journal of Business*, 13(2), pp.59-82.

Civitanic, J. and J. Ma (1996) "Hedging Options for a Large Investor and Forward-Backward SDEs," *The Annuals of Applied Probability*, 6, pp.370-398.

Cochrane John H. (2014) "A Mean-Variance Benchmark for Intertemporal Portfolio Theory," *The Journal of Finance*, 69(1), pp.1-49.

Cochrane, John H. (2011) "Presidential Address: Discount Rates." *Journal of Finance*, 66(4), pp.1047-108.

Cohen, Jacob (1988) "Statistical power analysis for the behavioral sciences,"

Hillsdale, NJ : Erlbaum.

Cox, J.C. and C-F. Huang (1987) "Optimal Consumption and Portfolio Policies When Asset Prices Follow a Diffution Process," *Journal of Economic Theory*, 49(1), pp.33-83.

Cox, J.C., and H.E. Leland (1982) "On Dynamic Investment Strategies," Proceedings of the Seminar on the Analysis of Securities Prices, CRSP, November 1982.

Cox, J.C., John and H.E. Leland (2000) "On dynamic investment strategies," *Journal of Economic Dynamics and Control*, 24(11-12), pp.1859-1880.

Cvitanic, J. and I. Karatzas (1996) "Backward SDE's with reflection and Dynkin games," *The Annals of Probability*, 24, pp.2024-2056.

Cvitanic, J., L. Goukasian, and F. Zapatero (2003) "Monte Carlo computation of optimal portfolios in complete markets," *Journal of Economic Dynamics and Control*, 27(6), pp.971-986.

Danielsoper, (Website, http://www.danielsoper.com/,2012・N5・・25・・・Q・二)

Davis, Mark, and Sebastien Lleo (2008) "Risk-sensitive benchmarked asset management," *Quantitative Finance*, 8(4), pp.415-426.

Deelstra, G., Dhaene, J. and Vanmaele, M. (2011) "An overview of comonotonicity and its applications in finance and insurance," in B. Oksendal and G. Nunno, eds, '*Advanced Mathematical Methods for Finance*,' Springer Berlin, pp.155-179.

Delarue, Francois and Stephane Menozzi (2006), "A Forward-Backward Stochastic Algorithm for Quasi-Linear PDEs," *The Annuals of Applied Probability*, 16(1), pp.140-184.

Detemple, J.B., R. Garcia, and M. Rindisbacher (2003) "A Monte-Carlo Method for Optimal Portfolios," *The Journal of Finance*, 58(1), p.401-446.

Dontoh, Alex, Radhakrishnan, Suresh and Ronen, Joshua (2007) "Is stock price a good measure for assessing value-relevance of earnings? An empirical test," *Review of Managerial Science*, 1, pp.3-45.

Douglas, Jim, Jin Ma, and Philip Protter (1996) "Numerical methods for forward-backward stochastic differential equations," *The Annals of Applied Probability*, 6(3), pp.940-968.

Duffie, D. (1996) "Dynamics Asset Pricing Theory," Princeton University Press.

Dyckman, Thomas R. and Stephen A. Zeff (i2014) "Some Methodological Deficiencies in Empirical Research Articles in Accounting," *Accounting Horizons*, 28(3), p.695-712.

Ekeland, Ivan and Traian A. Pirvu (2008) "Investment and Consumption without Commitment," Working Paper, University of British Columbia.

El Karoui, Nicole, and Claudia Ravanelli (2009) "Cash subadditive risk measures and interest rate ambiguity," *Mathematical Finance*, 19(4), pp.561-590.

El Karoui, N., and S. Hamadine (2003) "BSDEs and Risk-Sensitive Control, Zero-sum and Non zero-sum Game Problems of Stochastic Functional Differential Equations," *Stochastic Processes and their Applications*, 107, pp.145-169.

El Karoui, N., Kapoudjian, C., Pardoux, E., Peng, S. and Quenez, M.C. (1997) "Reflected Solutions of Backward SDE and Related Obstacle Problems for PDEs," *The Annuals of Probability*, Vol. 25, No 2, pp.702-737.

El Karoui, N., M. Jeanblanc and V. Lacoste (2005) "Optimal Portfolio Management with American Capital Guarantee," *Journal of Economic Dynamics and Control*, 29, pp.449-468.

El Karoui, N., S. Peng, and M.C. Quenez (1997) "Backward Stochastic Differential Equations in Finance," *Mathematical Finance*, 7(1), pp.1-71.

Ellis, Paul D. (2010) "*The Essential Guide to Effect Sizes : Statistical Power, Meta-Analysis, and the Interpretation of Research Results*," Cambridge University Press, UK.

Eyraud-Loisel, Anne (2005) "BSDE with enlarged filtration-Option hedging of an insider trader-," AFIR congress, Zurich-September 7-9.

Fama, E. and French, K. (1993) "Common risk factors in the returns on stocks and bonds," *Journal of Financial Economics*, 33, pp.3-56.

Feldstein and Moreck (1983) "Pension Funding Decisions, Interest Rate Assumptions, and Share Prices," In Z. Bodie, J.B. Shoven (eds.), Financial Aspects of the United States Pension System, University of Chicago Press.

Fisher, Irving (1906) "The Nature of Capital and Income," Macmillan. (Appendix to Chapter XVI, pp.409-411.)

Föllmer, Hans, and Alexander Schied (2002) "Convex measures of risk and trading constraints," *Finance and Stochastics*, 6(4), pp.429-447.

Franzoni, Francesco and Jose M. Marin (2006) "Pension Plan Funding and Stock

Market Efficiency," *The Journal of Finance*, Vol. 61, No. 2, pp.921-956.

Freedman, Barry (2008) "Efficient Post-Retirement Asset Allocation," *North American Actuarial Journal*, Vol. 12, No. 3, p.228-241.

Friend, Irwin and Marshall E. Blume (1975) "The Demand for Risky Assets," *American Economic Review*, 65(5), pp.900-922.

Fromm, Alexander, Peter Imkeller, and Jianing Zhang (2011) "Existance and stability of measure solutions for BSDE with generators of quadratic growth," Working Paper.

Fukaya, Ryuji and Toshiki Honda (2001) "Optimal Bond Portfolio for Investors with Long Time Horizon," Working Paper, Hitotsubashi University.

Geissel, Sebastian, Jorn Sass, and Frank T. Seifried (2015) "Optimal Expected Utility Risk Measures," SSRN Paper.

Gilboa, Itzhak and David Schmeidler (1989) "Maxmin Expected Utility with Non-unique Prior," *Journal of Mathematical Ecopnomics*, 18, pp.141-153.

Gobet, Emmanuel, Jean-Philippe Lemor and Xavier Warin (2005) "A Regression-Based Monte Carlo Method to Solve Backward Stochastic Differential Equations," *The Annuals of Applied Probability*, 15(3), pp.2172-2202.

Grandall, M.G., Hitoshi Ishii, and Pierre-Louis Lions (1992) "User's Guide to Viscosity Solutions of Second Order Partial Differential Equations," *Bulletin of the American Mathematical Society*, 27(1), pp.1-69.

Gundel, Anne (2003) "Robust Utility Maximization for Complete and Incomplete Market Models," Working Paper, Humboldt-Universitat of Berlin.

Hakansson, N.H. and W.T. Ziemba (1995) "Capital Growth Theory," R. Jarrow et al. Eds. Handbooks in OR & MS, Vol. 9, pp.65-86.

Hamadene, Said and Alexandre Popier (2008), "L(p)-Solutions for Reflected Backward Stochastic Differential Equations," Cornell University working paper.

Hamadene, Said, and J.-P. Lepeltier (2000) "Reflected BSDEs and mixed game problem," *Stochastic Processes and their Applications*, 85, pp.177-188.

Hamadene, Said, and M. Hassani (2005) "BSDEs with tow reflecting barriers : the general result," *Probability Theory Relative Fields*, 132, pp.237-264.

Hamadene, Said, and Monique Jeanblanc (2007) "On the Staring and Stopping Problem : application in Reversible Investments," *Mathematics of Operations*

Redearch, 32(1), pp.182-192.

He, H. and N. Pearson (1991) "Consumption and portfolio policies with incomplete markets and short-sale constraints : The infinite-dimensional case," *Journal of Economic Theory*, 54, pp.259-304.

Hojgaard, B. and E. Vigna (2007) "Mean variance portfolio selection and efficient frontier for defined contribution pension schemes," Working Paper, Aalborg University.

Hu, Ying and Martin Schweizer (2008) "Some new BSDE results for an infinite-horizon stochastic control problem," Working Paper.

Hu, Ying, Peter Imkeller and Matthias Muller (2005) "Utility Maximization in Incomplete Markets," *The Annuals of Applied Probability*, 15(3), pp.1691-1712.

Hwang, Soosung, and Steve E. Satchell (2010) "How Loss Averse Are Investors in Financial Markets?" Working paper.

Imkeller, Peter (2008) "Malliavin's calculus and applications in stochastic control and finance," Working Paper.

Jin, Li, R.C. Merton and Zvi. Bodie (2006) "Do a firm's Equity Returns Reflect the Risk of Its Pension Plan?" *Journal of Financial Economics*, 81, pp.1-26.

Kahneman, D. and Tversky, A. (1979) "Prospect Theory : An Analysis of Decision under Risk," *Econometrica*, 47(2), pp.263-292

Kahneman, D. and Tversky, A. (1992) "Advances in Prospect Theory : Cumulative Representation of Uncertainty," *Journal of Risk and Uncertainty*, 5, pp.297-323.

Karatzas, I., J.P. Lehoczky and S.E. Shreve (1987) "Optimal portfolio and consumption decisions for a small investor on a finite time-horizon," *SIAM Journal on Control & Optimization*, 25, pp.1157-1186.

Karatzas, I., J.P. Lehoczky, and S.E. Shreve (1986) "Explicit solution of a genral consumption-investment problem," *Mathematics of Operation Research*, 11, pp.261-294.

Karatzas, I., J.P. Lehoczky, S.E. Shreve, and G.L. Xu (1991) "Martingale and duality methods for utility maximization in an incomplete market," *SIAM Journal on Control & Optimization*, 29, pp.702-730.

Karatzas・AI., Lehoczky, J.P., Sethi, _S.P., and Xu, G.L. (1991) "Martingale and duality methods for utility maximization in an incomplete market," *Journal of Control Optimization*, 29, pp.702-730.

Kelley, Ken and Scott E. Maxwell "Sample Size Planning with Applications to Multiple Regression : Power and Accuracy for Omnibus and Targeted Effects," http://nd.edu/~kkelley/publications/chapters/Kelley_Maxwell_Chapter_SSMR_2008.pdf

Kobylanski, Magdalena (2000) "Backward Stochastic Differential Equations and Partial Differential Equations with Quadratic Growth," *The Annals of Probability*, 28(2), pp.559-602.

Kohatsu-Higa, Arturo and Agnes Sulem (2006) "Utility maximisation in an Insider influenced market," *Mathematical Finance*, 16(1), pp.153-179.

Kou, S.G. (Birge, J.R. and V. Linetsky Eds.) (2008) "Jump-Diffusion Models for Asset Pricing in Financial Engineering," *Handbooks in OR & MS*, Vol.15.

Kraft, Holger, Thomas Seifried, and Mogens Steffensen (2012) "Consumption-portfolio optimization with recursive utility in incomplete markets," *Finance and Stochastics*, April 2012 online.

Kramkov, D. and W. Schachermayer (1999) "A condition on the asymptotic elasticity of utility functions and optimal investment in incomplete markets," *The Annals of Applied Probability*, 9, pp.904-950.

Lara, M. De, Laetitia Andrieu, and Babacar Seck (2011) "Optimization under risk constraints : an economic interpretation as maxmin over a family of utility functions," Seminaire Louis Bachelier, 9 decembre 2011.

Lepeltier, J.P. and San Martin, J. (1997) "Backward stochastic di? erential equa-tions with continuous coefficients," *Statist Probability Letters*, 32, pp.425-430.

Lepeltier, J.P. and San Martin, J. (1998) "Existence for BSDE with superlinear-quadratic coefficient," *Stochastics Stochastic Rep.*, 63, pp.227-240.

Lepeltier, J.-P., A. Matoussi, and M. Xu (2005) "Reflected Backward Stochastic Differential Equations Under Monotonicity and General Increasing Growth Conditions," *Advanced Applied Probability*, 37, pp.134-159.

Longstaff, Francis A. and Eduardo S. Schwartz (2001) "Valuing American Options by Simulation : A Simple Least-Squares Approach," *The Review of Fianncial Studies*, 14(1) Spring, pp.113-147.

Ma, J., P. Protter and J. Yong (1994) "Solving Forward-Backward Stochastic

Differential Equations Explicitly-A Four Step Scheme," *Probab. Theory Rel. Fields*, 105, pp.459-479.

Ma, Jin and Jianfeng Zhang (2002) "Path regularity for solutions of Backward Stochastic Differential Equations," *Probability Theory Related Fields*, 122, pp. 163-190.

Ma, Jin and Jianfeng Zhang (2005), "Representations and regularities for solutions to BSDEs with reflections," *Stochastic Processes and Their Applications*, 115, pp.539-569.

Ma, Jin, Jie Shen, and Yanhong Zhao (2008) "On numerical approximations of forward-backward stochastic differential equations," *SIAM Jounal of Numerical Analysis*, 46(5), pp.2636-2661.

Malliavin, Paul (2006) "Stochastic Calculus of Variations in Mathematical Finance," Springer-Verlag.

Mania, M. and R. Tevzadze (2003) "A Semimartingale Backward Equation and the Variance optimal martingale measure under general information flow," *SIAM Journal on Control and Optimization*, 42(5), pp.1703-1726.

Mania, M. and R. Tevzadze (2008) "Backward stochastic partial differential equations related to utility maximization and hedging," *Journal of Mathematical Sciences*, 153(3), pp.291-380.

Markowitz, Harry (1952) "Portfolio Selection," *Journal of Finance*, 7(1), pp.77-91.

Martellini, L. and V. Milhau (2009) "Dynamic Allocation Decisions in the Presence of Funding Ratio Constraints," Working Paper of EDHEC, France.

Martin, Jaime San, and Soledad Torres (2007) "Numerical methods for BSDE," Working Paper, Universidad de Chile.

Matoussi, Anis, and Mingyu Xu (2008) "Sobolev solution for semilinear PDE with obstacle under monotonicity condition," *Electronic Journal of Probability*, Vol. 13, pp.1035-1067.

McConnell, John J. and Servaes, Henri (1995) "Equity Ownership and The Two Faces of Debt," *Journal of Financial Economics*, 39, pp.131-157.

Memin·CJean, Shi-ge Peng, and Ming-yu Xu (2008) "Convergence of Solutions of Discrete Reflected Backwarid SDE's and Simulations," *Acta Mathematica Applicatae Sinica*, 24(1), pp.1-18.

Merton, Robert C. (1992) "Continuous-Time Finance," Blackwell Publishers.

Merton, Robert C. (1969) "Lifetime portfolio selection under uncertainty: the continuous-time case," *Review of Economics and Statistics*, 51, pp.247-257.
Merton, Robert C. (1971) "Optimum consumption and portfolio rules in a continuous-time model," *Journal of Economic Theory*, 3(4), pp.373-413.
Merton, Robert C. (1973a) -, - (*Journal of Economic Theory*, Erratum, 6, pp.213-214.
Merton, Robert C. (1973b) "An Intertemporal Capital Asset Pricing Model," *Econometrica*, 41, pp.867-887.
Milevsky, Moshe A., and Song, Keke (2008) "Do Markets Like Frozen DB Pensions? An Event Study," Working Paper, York University.
Morlais, Marie-Amelie (2009) "Quadratic BSDEs driven by a continuous martingale and applications to the utility maximization problem," *Finance and Stochastics*, 13(1), pp.121-150.
MSCI Report 2014 (by C. Acerbi and B. Szekely) "Backtesting Expected Shortfall", MSCI, 2014.
Munk, C. (2003) "The Markov chain approximation approach for numerical solution of stochastic control problems: experiences from Merton's problem," *Applied Mathematics and Computation*, 136(1), pp.47-77.
Munk, Claus (2010) "Dynamic Asset Allocation," Lecture Note, Demark, July 2010.
Nakajima, K. and Sasaki, T. (2010) "Unfunded Pension Liabilities and Stock Returns," *Pacific-Basin Finance Journal*, 18, pp.47-63.
Ndounkew, L.T. (2010) "Stochastic Control: With Applications to Financial Mathematics," African Institute for Mathematical Sciences Postgraduate Diploma, Muizenberg.
Nualart, David (1995) "Malliavin Calculus and Its Applications," American Mathematical Society.
Ocone, D. and I. Karatzas (1991) "A Generalized Clark Representation Formula, with Application to Optimal Portfolios," *Stochastics and Stochastics Reports*, 34, pp.187-220.
Oksendal, B (1997) "An introduction to Malliavin calculus with applications to economics," University of Oslo.
P.A. Samuelson (1963) "Risk and Uncertainty: Fallacy of Large Numbers," *Scientia*, 6th Series 57 year April/May.

Pages, G., H. Pham, and J. Printems (2004) "An Optimal Markovian Quantization Algorithm for Multidimensional Stochastic Control Problems," *Stochastics and Dynamics*, 4(4), pp.501-545.

Palczewski, Jan and Lukasz Stettner (2007) "Maximization of the portfolio growth rate under fixed and proportional transaction costs," *Communications in Information and Systems*, 7(1), pp.31-58.

Pardoux, E. and S. Peng (1990) "Adapted Solution of a Backward Stochastic Differential Equation," *Systems and Control Letters*, 14, pp.55-61.

Peng, S. and M. Xu (2011) "Numerical algorithms for backward stochastic differential equations with 1-d Brownian motion: Convergence and simulations," *ESAIM : Mathematical Modelling and Numerical Analysis*, 42(05), pp.335-360.

Peng, Shige (1993) "Backward Stochastic Differential Equation and Its Application in Optimal Control," *Applied Mathmatics and Optimization*, 27, pp.125-144.

Peng, Shige (2003) "Dynamically consistent evaluations and expctations," Technical report, Institute Mathematics, Shandong University.

Peng, Shige (2004) "Nonlinear expectations, nonlinear evaluations and risk measures," Stochastic Methods in Finance, Lecture Notes in Math., Springer, New York, pp.165-253.

Peng, Xiaofeng (2008) "The Impact of Off-Balance_Sheet Pension Liability under SFAS No. 87 on Earnings Quality, Cost of Capital, and Analysis' Forecasts," PhD thesis, Kent State University.

Pham, H. (2005) "On some recent aspects of stochastic control and their applications," *Probability Surveys*, Vol. 2, pp.506-549.

Pham, Huyen (2010) "Stochastic Control and Applications in Finance," Lecture Note, University Paris Diderot, LPMA.

Pham, Huyen and Peter Tankov (2007) "A model of optimal consumption under liquidity risk with random trading times," Working Paper, Universite Paris 7.

Platen, Eckhard, and Nicola Bruti-Liberati (2010) "Numerical solution of stochastic differential equations with jumps in finance," Springer.

Pliska, S. (1986) "A stochastic calculus model of continuous trading: Optimal portfolios," *Mathematics of Operations Research*, 11, pp.371-384.

Porchet, Arnaud, Nizar Touzi and Xavier Warin (2008) "Valuation of a Power

Plant Under Production Constraints and Market Incompleteness," Submitted to *Management Science*.

Prigent, J-L. and F. Tahar (2006) "Optimal Portfolios with Guarantee at Maturity : Computation and Comparison," *International Journal of Business*, 11(2), pp.171-185.

Rockafellar, R.T. (1970) "*Convex Analysis*," Princeton University Press, 1970.

Sass, J. (2006) "Stochastic Control : With Applications to Financial Mathematics," Working Paper, Austrian Academy of Sciences.

Scargle, Jeffrey D. (2000) "Publication Bias : The "File-Drawer" Problem in Scientific Inference," *Journal of Scientific Exploration*, 14(1), pp.91-106.

Schachermayer, W. (2001) "Optimal Investment in Incomplete Markets when Wealth may Become Negative," *The Annuals of Applied Probability*, 11(3), pp.694-734.

Seck, Babacar, Laetitia Andrieu, and Michel De Lara (2012) "Parametric multi-attribute utility functions for optimal profit under risk constraints," *Theory Decision*, 72, pp.257-271.

Sekine, J. (2011) "Long-Term Optimal Portfolios with Floor," Proceedings of 4th Financial Risks International Forum, Paris, France, March 10 and 11.

Sekine, Jun (2004) "Dynamic Minimization of Worst Conditional Expectation of Shortfall," *Mathematical Finance*, 14(4), pp.605-618.

Sekine, Jun (2006) "On Exponential Hedging and Related Quadratic Backward Stochastic Differetial Equations," *Applied Mathematics Optimization*, 54, pp. 131-158.

Sekine, Jun (2013) "Utility Maximization with Floor Constraint," Lecture Note, Okinawa Japan, Oct. 2013.

Sharpe, W.F. (1976) "Corporate Pension Funding Policy," *Journal of Financial Economics*, 3(3), pp.183-193.

Schied, Alexander (2006) "Risk Measures and Robust Optimization Problems," *Stochastic Models*, 22, pp.753-831.

Siegmann, Arjen (2010) "Minimum Funding Ratios for Defined-Benefit Pension Funds" Netherlands Central Bank, DNB Working Papers #180.

Takahashi, A. and Yoshida, N. (2004) "An Asymptotic Expansion Scheme for Optimal Investment Problems," *Statistical Inference for Stochastic Processes*,

Vol. 7-2, pp.153-188.

Teppen, I. (1981) "Taxation and Corporate Pension Policy," *Journal of Finance*, 36(3), pp.1-13.

Thaler, Richard (2015) "*Misbehaving : The Making of Behavioural Economics*," W.W. Norton & Company Inc., New York.

Thomson, Robert (2011) "Prudence revisted : The use of Expected-Utility Theory for Decision-making by the Trustees of a Retirement fund," Actuarial Society of South Africa, Retirement Matters Seminar, June 2011.

Treynor, J.L. (1977) "The Principles of Corporate Pension Finance," *Journal of Finance*, 32・i2・j, pp.627-638.

Westray, Nicholas and Harry Zheng (2009) "Constrained nonsmooth utility maximization without quadratic inf convolution," Stochastic Processes and their Applications, 119, pp.1561-1579.

Westray, Nicholas and Harry Zheng (2010) "Minimal Sufficient Conditions for a Primal Optimizer in Nonsmooth Utility Maximization," *Finance and Stochastics*, 15(3), pp.501-512.

Widger, Chuck and Daniel Crosby (2014) "Personal Benchmark : Integrating", Wiley (U.S.A.) *Behavioral Finance and Investment Management*.

Yamashita, Miwaka, M.C. Roberts, and S. Sen (1999) "The Rewards for Environmental Conscientiousness in the U.S. Capital Markets," *Journal of Strategic Decision*, 12(1), pp.73-82.

Yamashita, Miwaka (2010) "New Investment Strategy for Severly Underfunding Pensions," International Congress of Actuaries, 2010 in South Africa.

Yamashita, Miwaka (2011) "IFRS convergence in Japan : Impact for Stock Market So far and From now on," International Actuaries Association AFIR 2011 Colloquia, June, 2011, Madrid, Spain.

Yamashita, Miwaka (2012) "Investment risk taking policy in the context of ERM," AFIR Mexico Colloquia, Mexico city, October 2012.

Yamashita, Miwaka (2014a) "Optimal Investment Strategy for Kinked Utility Maximization : Covered Call Option Strategy," *Journal of Mathematical Finance*, 4(2), 2014, pp.55-74.

Yamashita, Miwaka (2014b) "Mathematical model Trend Survey of Pension Fund's Dynamic Asset Allocation," International Congress of Actuaries, 2014 in Washington D.C., U.S.A.

Yamashita, Miwaka (2016) "Dollar/Ladder Investment and Universal Portfolio for Pension Schemes," Pensions, Risk and Investment Conference with AFIR/ERM 2016 Edinburgh, Scotland, June 2016.

Zhang, Jianfeng (2001) "Some fine properties of Backward Stochastic Differential Equations," Ph. D Theis of Purdue University.

Zhu, S.S., D. Li, and S.Y. Wand (2004) "Risk Control over Bankraptcy in Dyanamic Portfolio Selection: A Generalized Mean-Variance Formulation," *IEEE Transations an automatic Control*, 49, pp.447-457.

企業年金連合会ホームページ http://www.pfa.or.jp/activity/shisan/shisan01.html（2015年5月16日閲覧）

企業年金連合会「企業年金資産運用実態調査」2008年度から2010年度の毎年度調査。

国友直人・高橋明彦（2003）『数理ファイナンスの基礎』東洋経済新報社。

佐々木隆文（2005）「退職給与会計における割引率の決定要因」,『現代ファイナンス』No. 18, pp.119-139。

星野靖雄・林健二（2002）「株式時価総額への有価証券と退職給付債務の影響」,『東京家政学院筑波女子大学紀要』第6集, pp.123-133。

本田俊毅（2002）「マルチファクター・モデルにおける動学的最適ポートフォリオ」,『数理解析研究所講究録』第1264巻, pp.188-202。

森田洋（1997）「Cox＝Huang Methodについてのノート」,『横浜経営研究』第17巻第4号, pp.371-380。

柳瀬典由・後藤晋吾（2012）「企業年金制度の積立不足と母体企業の株式リターン」,『東京経大学会誌』第274号, pp.275-299。

柳瀬典由・後藤晋吾（2015）「企業の財務健全性と年金資産運用」,『証券アナリストジャーナル』第53巻第5号, pp.69-79。

山下実若（2011）「年金運用の新しいフレームワーク―確率制御・多期間モデルで考える―」,『アクチュアリー会会報』第64号, pp.121-153。

山下実若（2016）「効用関数を用いた確定給付型年金資産運用の新しい運用フレームワークのモデル化」, 青山学院大学大学院国際マネジメント研究科博士学位論文。

山田哲也（2011）「行動ファイナンスの新展開：不確実性下における投資理論を中心として」,『日本銀行金融研究所　金融研究』第30巻第1号。

吉田敏弘（2003）「Forward Backward Stochastic Differential Equationsに関する

一考察」,『日本銀行金融研究所 IMES Discussion Paper Series』No. 2003-J-20。
吉田朋広（2010）「確率過程の統計学：概観と展望」,『日本統計学会誌』第40巻第1
　　号，pp.47-60。

索　引

欧文

Black-Sholes オプション公式 ……46
Black＝Scholes ……………………148
BSDE ……………………………………11
Coherent …………………………161
Convexity ………………………162
Convex 性 ………………………162
Cost-Efficient ……………………73
CRRA 型効用関数 ………3,6,40,72
CRRA 型（相対リスク回避度一定）
　………………………2,5,12,131
CVaR …………………………71,72,164
Driver……………………………………16
Dual 価値関数 ……………………44
Dual 効用関数 ……………5,39,40,43
Dynamic Risk Measure …………163
Effect size………………………………79
Elicitability………………………166
Enterprise Risk Management
　（ERM）…………………………141
Eqstiein-Zin 効用関数………………19
Feynman-Kac の公式………………66
Generator ………………………………16
HARA 型 …………………………21
HJB 方程式 …………5,11,12,39,40
IFRS コンバージェンス …………26
Kreps-Porteus 型効用関数 …………18
LDI ……………………………7,146,155
Legendre-Fenchel 変換 ……5,39,40

Low liquidity ……………………73
Malliavin 解析 ……………………11
Markovian ………………………17
Martingale 表現定理 ………………14
Martingale 法………………………14,63
Mean-Variance 型 ……………………70
Mean-Variance 最適化 ………………19
Merton モデル …………4,11,12,41,47
MinMax 最適化 ……………8,159,164
MinMax 戦略 ……………………159
Momentum ファクター …………120
Monotonicity ……………………162
Null Hypothesis ……………………79
Ordinary Least Square ……………83
P 測度…………………………41,43,64
Partial Information ………………73
PBR …………………………………88
PER …………………………………88
Positive Homogeneity ……………162
Power………………………………79
Pre-Committed ……………………73
Q 測度（リスク中立制度）…41,43,64
Radon-Nikodym derivative…………66
Reflected BSDE ……………………21
Risk Sensitive ………………4,19,72
Robust ……………………………73
S 字型効用関数 ……………………74
(Second order) Stochastic
　Dominance の性質（SDD）……162
Small ファクター ………………120

State-Dependent ……………72	期待効用最大 ………………2
Subadditivity ………………162	逆張り戦略…………………20
Terminal condition …………16	キャッシュフロー………7, 146
Feynman-Kac 公式……………16	キャッシュフローマッチング ……155
Time Consistent ……………163	均衡資産評価モデル…………18
Time-Inconsistent ……………73	近視眼的（myopic）…………14
Translation Invariance ………162	クレジットスプレッド………26
Value ファクター……………120	構造モデル…………………81
VaR ……………………72	行動ファイナンス………5, 7, 69, 143, 157
	効用関数…………………9, 11
あ行	効率的フロンティア…………30
アルファ ……………………119	コール・オプション…………5, 33
一期間モデル…………………14	国際会計基準（IFRS）………3
伊藤の Lemma ………17, 21, 63	コンバージェンス……………3
インパクト分析………………81	
ウィルソンの悲劇……………143	**さ行**
影響度（マグニチュード）…79	再帰性 ………………………163
エントロピー型の効用関数…19	債券ラダー戦略……………146
折れ曲がった（Kinked）効用関数	債券ラダー投資……………146
………………………2, 39	最大ドローダウン……………7
	最適動的資産配分……………8
か行	財務諸表………………………4
回帰分析（クロスセクション分析）	財務レバレッジ………………88
………………………5, 81	サンクトペテルスブルグの
確定給付型年金 ………………1	パラドックス……………143
確定拠出型の年金制度 ………6	サンプル数……………………79
確率過程………………………12	時価総額……………………3, 88
確率微分方程式（Partial Differential	時間選好………………………73
Equation（PDE））……15	時間の推移………………7, 143
価値関数……………20, 44, 63	時系列回帰分析……………3, 6
カバード・コール………28, 39, 40	資産減少………………………7
完備市場………………………14	資産増大………………………7
幾何ブラウン運動…………12, 148	市場ファクター……………120

指数関数（Exponential）型 ………21
指数関数（Exponential）型
　　効用関数………………………17
下値リスク………………………25,160
下値リスク回避 ………………69,72
シナリオ分析 …………………7,160
シナリオ分析型 …………………159
シャープレシオ最大化……………30
ジャンプ過程………………………21
消費の代替性………………………18
数値シミュレーション ………12,22
政策アセットミックス……………1,25
「静的」資産運用……………………2
「静的」資産配分……………………1
制度成熟化 …………………3,145
セルフ・ファイナンス…………9,47
ゼロクーポン債……………………34
漸近展開……………………………12

た行

退職給付会計 ………………………1
退職給付債務減額 ………………112
対数関数 ………………………13,48
ダイナミックプログラミング……2,9,22
ダイナミックプログラミング法…14,63
ダイナミックヘッジ………………27
ダラー戦略 …………………145,146
積立不足 ………………2,4,6,69
積立不足ファクター ……………120
停止時刻（Stopping time）問題…21
デジタルオプション………………35
同値 Martingale 測度………………64
「動的」資産運用……………………2

動的資産配分……4,5,7,9,11,25,39,159
動的リスク測度 …………………163
ドリフト……………………………12
ドルコスト平均法 ………146,147,148
ドローダウン ……………………160

な行

ナンピン買い………………………20
日本株バブル崩壊 …………………1
日本基準改定 ………………………3
粘性解………………………………12

は行

バイ・アンド・ホールド型………30
バイ・アンド・ホールド戦略……40
売買執行コスト……………………73
バケット戦略 ………7,145,146,156
ハミルトニアン……………………20
パワー・オプション………………78
非完備市場…………………………14
富過程…………………………13,41
プット・オプション……………5,33
プロスペクト理論…………………74
プロテクティブ・プット戦略……39,40
分散……………………………71,164
ヘッジ戦略………………………9,11
ベニスの商人……………………143
ベンチマーク…………………1,73
変動測度（Deviation Measure）……161
ポートフォリオ・インシュアランス…27
ボラティリティ ………………12,25

ま行

マイナス金利
　　　………1,3,7,143,145,146,157,159
未認識退職給付債務………3,5,82,117
無リスク資産 ………………………2,9
メンタルアカウンティング …7,146,157
モンテカルロシミュレーション……9,22

や行

有意水準……………………………79

ら行

ラグラジアン方程式………………64
ラダー戦略 ………………………145
リーマンショック…………1,2,26,132
リスク回避…………………………18
リスク回避度 …………………6,131
リスク資産 …………………………2,9
リスク制約条件 ……………………8
リスク測度 ………69,71,159,160,161
リスク測度関数 …………………164
リスク測度論 ……………………143
リスク中立測度……………………9,11
リスクファクター …………3,6,117
リスクフリー………………………12
レバレッジ…………………………52
労使合意 …………………………112

《著者紹介》

山下　実若（やました　みわか）

現在，東海東京フィナンシャル・ホールディングス顧問（金融工学・リスク管理担当）。オールニッポン・アセットマネジメント株式会社（地方銀行，日本政策投資銀行，東海東京フィナンシャル・ホールディングスの合弁会社）執行役員。青山学院大学大学院国際マネジメント学術フロンティアセンター特別研究員。
資産運用については平成3年より東京海上火災保険株式会社（現，東京海上日動火災保険株式会社）にて財務企画，投資の企画・実務に携わり，その後，平成14年から同社の証券子会社にて金利スワップ・ビジネスやシンジケーションローン・ビジネスに従事。また，平成18年にバークレイズ・グローバル・インベスターズ（平成21年にブラックロックに買収され統合）に移り，国内・海外の金融機関等の資産運用に係るソリューション提供および運用戦略開発・運用実務に，統合後も含め従事。
昭和62年東京大学理学部卒業，平成元年同大学院修了（修士）。平成8年ミシガン工科大学ビジネススクール修了（MBA）。平成28年青山学院大学大学院博士課程修了（博士）。米国CFA協会公認証券アナリスト，IAA国際アクチュアリー会 AFIR/ERM コミッティ・メンバー，公益社団法人日本アクチュアリー会 AFIR 関連研究会座長。

動的資産配分の投資理論と応用
―― 年金基金，金融機関の新たな挑戦

2016年8月10日　第1版第1刷発行

著　者	山　下　実　若
発行者	山　本　　　継
発行所	㈱中　央　経　済　社
発売元	㈱中央経済グループ パブリッシング

〒101-0051　東京都千代田区神田神保町1-31-2
電話 03（3293）3371（編集代表）
　　 03（3293）3381（営業代表）
http://www.chuokeizai.co.jp/
印刷／昭和情報プロセス㈱
製本／誠　製　本　㈱

© 2016
Printed in Japan

＊頁の「欠落」や「順序違い」などがありましたらお取り替えいたしますので発売元までご送付ください。（送料小社負担）

ISBN978-4-502-19521-1　C3034

JCOPY〈出版者著作権管理機構委託出版物〉本書を無断で複写複製（コピー）することは，著作権法上の例外を除き，禁じられています。本書をコピーされる場合は事前に出版者著作権管理機構（JCOPY）の許諾を受けてください。
JCOPY〈http://www.jcopy.or.jp　eメール：info@jcopy.or.jp　電話：03-3513-6969〉

会計と会計学の到達点を理論的に総括し、
現時点での成果を将来に引き継ぐ

体系現代会計学 全12巻

■総編集者■

斎藤静樹(主幹)・安藤英義・伊藤邦雄・大塚宗春
北村敬子・谷　武幸・平松一夫

■各巻書名および責任編集者■

第1巻	企業会計の基礎概念	斎藤静樹・徳賀芳弘
第2巻	企業会計の計算構造	北村敬子・新田忠誓・柴　健次
第3巻	会計情報の有用性	伊藤邦雄・桜井久勝
第4巻	会計基準のコンバージェンス	平松一夫・辻山栄子
第5巻	企業会計と法制度	安藤英義・古賀智敏・田中建二
第6巻	財務報告のフロンティア	広瀬義州・藤井秀樹
第7巻	会計監査と企業統治	千代田邦夫・鳥羽至英
第8巻	会計と会計学の歴史	千葉準一・中野常男
第9巻	政府と非営利組織の会計	大塚宗春・黒川行治
第10巻	業績管理会計	谷　武幸・小林啓孝・小倉　昇
第11巻	戦略管理会計	淺田孝幸・伊藤嘉博
第12巻	日本企業の管理会計システム	廣本敏郎・加登　豊・岡野　浩

中央経済社